ニューアート

霊派【REISM】への流れ

篠崎崇(SINO)

ヒカルランド

目次

第1章 人類誕生からのアルカイック→クラシック→バロックの流れ

第2章 祈り→写実→抽象のこの世のテーマ

第3章　近代アートの流動性と霊派「REISM」の普遍性

カバーデザイン　櫻井浩（⑥Design）
カバーイラスト　篠﨑崇
校正　麦秋アートセンター
編集協力　宮田速記
本文仮名書体　文勇仮名（キャップス）

第1章

人類誕生からのアルカイック→クラシック→バロックの流れ

〈この本は2020年1月～3月に全3回開催されたヒカルランドのセミナーを収録したものです〉

はじめに

12年前（2008年）に私の画集をハーバードの世界文化学会で発表し、9年前に岡本太郎美術館で岡本太郎生誕100年の展覧会をやったのですが、マスコミは全く動きませんでした。サザビーズ、クリスティーズなどのオークションは、ロンドン、パリ、ニューヨークを拠点とする白人のメイソンの流れがあって、時代を先取りした前衛アートは、そのアーティストが生きているうちはなかなか世に出ないのは、今までの歴史が物語っています。

2020年の1月、2月、3月と、やっと私の本業のアートの講演会にたどり着きました。本来でしたらこの講演会はアーティスト自身がやることではなくて、アート・キュレーター（美術評論家）の方がやる内容だと私は思います。

私は27歳のときに自宅にテニスクラブをつくり、ガス会社をつくって、稼いだお金で世界展開を目指してやってきました。アートの売り上げがない状態で展開できたのは、中学3年のときに、自分が自分のパトロンにならなければ次の時代のアートは切り開けないということを既に知っていたからです。それでここまで来られたのだと思います。

アートは時代の羅針盤

アートの流れとしては、長い間、宗教画の時代がありました。アートは、時代性に翻弄されて、国を統治するための手段として利用されてきた歴史があります。フランス革命以降、やっと民衆の手にアートが戻って、印象派を皮切りに、象徴派、野獣派、シュール、ポップアート、さまざまなアートが一気に花開きました。

今までのアートの流れは、アーティスト自身が天とつながり、自分がエネルギーの出発点としてできてきたアートではないかと思うのです。

なぜかというと、今までのアートは、数千年、数万年にわたって、人類は滅びないという確約のもとで花開いた文化だと思うのです。しかし、近年は、地球環境も人類の将来もどうなるかわからない。

「プレアデスの鎖をつなぐことができるか、オリオンの綱《はがね》を解くことができるか」ということが、旧約聖書に既に書いてあるのです。これを私が初めてひもときました。

今後、人類が永続して生きられるという保証は全くなくなりました。そうなったときに、この世をテーマとしたエネルギーの出発点のアートのスタイルを根本的に変えないといけない。なぜなら、アーティストはいつも時代の羅針盤だからです。何百年も先取りして羅針盤として、人類の平和のために導くという使命があるのです。

しかし、そういうことをやっていたのでは、生活が成り立たないので、時代を先取りしたアートをやると、飢え死にしたり、自殺したりするのがオチです。

私がかかわったさまざまな美術評論家

小倉正史先生という高名な美術評論家がいます。彼はフランスで文化勲章をもらった方です。（2020年3月1日悪性リンパ腫のため死去）

私は小倉先生と話していて、次の時代のアートのタイトルとして「霊イズム」はどうだろうかと提案したら、イズムというのは哲学的な用語なので「ＲＥＩＳＭ」がいいんじゃないかということになりました。

今日からの講演会は、本来は小倉先生と私と交代でやる予定だったのですが、「ＲＥＩＳＭ」はどういうふうに持っていったらいいかという点で話が決裂して、彼と音信不通になってしまったのです。まあしょうがないかなと思っています。

銀座の若山美術館と小倉先生は密接な関係があります。

世田谷美術館館長の酒井（忠康）先生も、私の画集を持っています。世田谷美術館はお金持ちが結構住んでいる地域にあって、ロサンゼルスのビバリーヒルズとも裏でつながっているのです。だから、ジョン・ソルトが世田谷美術館で展覧会をやりました。

ジョン・ソルトは、私の作品をハーバードで発表してくれました。ジョン・ソルトは、ビバリーヒルズの家族会をまとめている裏のボスみたいな男です。

広島県立美術館館長の千足伸行さんは象徴派のスペシャリストで、彼のエゴン・シーレの論評は目を見張るものがあります。実は千足先生は岡本太郎美術館名誉館長の村田（慶之輔）先生の親友で、村田先生のお別れ会を帝国ホテルでやったときに、その会の発起人の青柳正規先生が来ないので千足先生が挨拶して、村田先生が言っていたのはこの方だということで、私は随分話をしました。

青柳正規先生は東大名誉教授で、２０１６年あたりまで文化庁長官をやっていました。

青柳先生は文化庁長官をやる前は国立西洋美術館の館長をされていて、そのときに私は知り合って、画集を自宅まで届けていろいろ説明しました。そのとき、「篠崎さんがやろうとしていることは画期的なことなので、世界展開するときにはぜひ応援します」と言っていたんですが、文化庁長官になってからは、公人になったのでちょっと応援できないということになりました。今現在は、青柳先生の弟子で日本女子大学名誉教授の馬渕明子さんが西洋美術館の館長をやっています。馬渕さんは大野一雄の大ファンで、私の画集も持っています。大野先生と私は20年のつき合いで、毎月泊まりがけでいろいろ話をした間柄です。

それから、島根県には県立美術館が２つあって、その１つの石見美術館は、石見銀山で財をなした大富豪がつくったのですが、内部はカリンの赤い板が敷き詰められていて、すごい美術館です。私は村田先生と一緒に石見美術館に行って館長の澄川喜一さんとお会いしました。澄川さんは、安藤忠雄さんとともに東京スカイツリーのデザインをやっています。私は安藤さんとも2回ぐらい会っています。

私が岡本太郎美術館でやったときにゲストキュレーターとしてまとめてくれた新見隆さんは、今、大分県立美術館館長と武蔵野美術大学の教授です。

こういう方々にとどまらず、美術評論家の方をいっぱい知っているのですが、私は今回のセミナーの資料も招待状も一切送っていません。私のことを評価するはずがないからです。しょうがないから、私が自分でやろうということで、ヒカルランドの石井社長のご理解があって、今回の講演会で実現しました。

伊藤若冲と曽我蕭白

では、私が生きている間にこういう講演会をやったほうがいいというきっかけになった資料があったので、今日、お持ちしました。

今の伊藤若冲《じゃくちゅう》のブームは、皆さん、ご存じだと思います。東大名誉教授の辻惟雄《のぶお》先生が『奇想の系譜』（美術出版社ほか）という本を書いて、３００年ぶりに若冲を世に出したのです。辻先生がこの本を書かなければ、伊藤若冲や曽我蕭白《しょうはく》は世に出てない。知る人ぞ知るで有名ではあったけれども、ここまでのブームになることはなかったです。

実は辻先生は、大野一雄の親友だったのです。

『虚舟《うつろぶね》』の画集もコメントを辻先生に書いてもらうはずだったのですが、私の作品の資料をお見せしたら、「篠崎さんは先を行き過ぎている。時代が追いつかないだろう。現代アートをここまでやると、ちょっと私の手には負えないので、私にはできない」ということで断られたのです。

『奇想の系譜』について、私は大野先生としょっちゅういろいろ話しました。

伊藤若冲は、３００年前、京都の青果問屋の跡取りだったけれども、それを全部売り払って財産の半分を弟にあげて、残りの財産で独立した絵描きなのです。だから、売れても売れなくてもいい。最高級ランクの岩絵の具を使って、ニワトリの絵から始まって、ピカッと光るような絵を描きました。裏側にも同じ絵の具で描くので、絵の具の厚みが増して光るのです。お金があったので材料代関係なくできたので、すばらしい絵が描けたわけです。

それに対して曽我蕭白は、お寺回りをしたり物乞い同然の生活を一生送りながら絵を描いた人です。お酒を一斗樽もらったら絵を1枚描いてあげるという感じでした。

大野さんも私も伊藤若冲には興味なかったです。やはり曽我蕭白。彼はぶっとんでいるのです。「柳下鬼女図」（267ページ［図3－11］）という、自分の子どもを亡くして鬼になったお母さんを描いた絵が有名です。私はこの絵に目がとまって、どこにあるのかと思って調べたら芸大の保管庫にあるということでした。

NHKエンタープライズが「蕭白特集」をやるということで担当者が来たけれども、話がわからないということで私が呼ばれて、大野先生の宇宙論と一般論の間に入って随分面倒を見たのです。芸大の保管庫から「柳下鬼女図」を出したら、ワーッと驚いてしばらく見ていて、その前で大野一雄がお母さんになって踊る光景を撮影したのです。

蕭白は、円山応挙がなんぼのものじゃいと言ったという逸話が有名ですが、円山応挙は当時の西洋でいえば宮廷画家です。円山応挙は、あでやかで、琳派《りんぱ》のようなパーッという絵ですが、蕭白は、それとは真逆の非常識の極みを行く魂の絵描きです。大野先生と私は蕭白にしか目がとまらなかった。でも、今、メディアは、あくまで伊藤若冲で、曽我蕭白をそれほど表に出してないです。

最後に、一通りの研究が終わったときに、「この本（『奇想の系譜』）はあなたが持っているにふさわしい」ということで、大野先生がサインをして私に送ってくれたのです。

非常識の極みをいくアート

それでたどり着いたのが、いつの時代でも前衛のアートは非常識だということです。ただ、ここ数十年の人類の危機に及んだときに来るアートは、非常識だけではダメで、非常識の極みを行かないといけない。

これはどういうことかというと、皆さんの帰り道に丸い石があったとします。きれいだなということで持って帰って、きれいに磨いて、それを５０００万円、

1億円でオークションに出しても、まず売れない。

なぜ石ころには価値がないか。石だって、立派な存在感があります。でも、これは常識のものだからダメなのです。どこにでもあるものだからです。例えば、同じ大きさのルビーとかサファイアの原石だったら、数十億円以上します。なぜ価値があるか。マテリアルの中の非常識の極みだから価値があるのです。

ということは、アーティストは、絶えず非常識の極みを行かないとダメなのです。すると、生きている間に時代が追いつくはずがない。だから、飢え死にするか、自殺してしまう。

私は7歳のときから勉強しないで絵ばかり描いていて、偉人伝を読んで自殺した絵描きは誰だとか、ませた研究をしていたのですが、37歳が1つの節目なのです。ゴッホは37歳で自殺しています。28歳も1つの節目で、青木繁とエゴン・シーレは28歳で死んでいます。

そういうことを知っていたものですから、ヒカルランドさんが本を出してくれて、結構売れているみたいですが、私みたいな奇人変人をバックアップしてくれるネットワークができたのであれば、評論家に頼らずに、次の時代のアートを自分でやろうと決断するに至りました。

日本医学界の天皇・高久史麿先生

実は、NHKの日曜美術館を担当しているエデュケーショナル、エンタープライズ、フジテレビ、テレビ東京、テレビ朝日等にも、今日の講演会の書類は送っています。ただ、案内状を入れなかったので、連絡は来ません。

日本医学界の天皇と言われている高久史麿《ふみまろ》先生は、15年前か20年前に2年間、私のテニスクラブでテニスの個人レッスンをして仲よくなりました。秘書のノミさんという女性が日動画廊をやっていて、あのころ私は毎年銀座で個展をやっていたのですが、ノミさんが目をつけて、「高久先生、篠崎さんの絵は将来大変なことになります」と言ってくれて、高久先生は私の絵を何枚か買ってくれているのです。

アートは天のエネルギーの通過点になる以外にない

今後のアートはどうしたらいいのでしょうか。今までのアーティストは、自分がエネルギーの出発点としてやっていたわけです。次の時代、人類が滅びるかもしれないとなってきたときには、アーティストは主役の座から外れて天のエネルギーの通過点になる以外ないのです。

今までのエネルギーは有限だったけれども、天のエネルギーは無尽蔵ですから、天のエネルギーをコントロールすると無限になります。すると、アーティストは脇役なのだから、皆さんも一緒の船に乗っていく必要があるんじゃないかと私は思います。

私は今日、前代未聞の芸術を自慢するために来たのではありません。皆さんと一緒にやる時代が来たのです。それで、ＲＥＩＳＭなのです。霊派。

相撲でも柔道でも、もともとは日本語でしたが、今は英語になっています。ＲＥＩＳＭに該当する英語はどこを探してもありません。

フィーリング→エモーション→パッション→アート

誰でも宇宙とつながっているのです。どういう感覚でシフトチェンジしていくかというところから、スライドを交えてお話ししていきたいと思います。

何か刺激を受けたときにフィーリング、感じるのです。感受性の鋭い方は、後々それが大変な武器になって、どんどん行けます。感じたら、そこからエモーションに移っていきます。感情的になっていく。そのフィーリング、感じたものは何なのかということを分析して、方向性が見えたら、パッション、情熱を持って取り組んでいく。その後にできるのがアートです。

だから、売れればいいとか、こういうふうにやればブームに乗って金儲けできるということが目的ではないのです。

光が魂の正体、神の正体だ

私はおととし（２０１８年）の12月30日にあの世に行ってしまったのです。あの世にカバラが燦然と輝いている。ビッグバンの前の宇宙にカバラがある。11のセフィロトとプラス１で12次元が、あの世の数字であることに気がつきました。

そうすると、神の存在は何になるのか。神の正体は光なのです。旧約聖書の創世記第1章に「この世は混沌とした闇であった。まず光あり」と書いてあります。光というのは、1、2、3、4、整数で回っています。電子が２分の１、２分の3、反整数です。

そこで電子が陽子から中性子になったときに、光の回転になって飛び出してしまうのです。そのときに余分なものが出るのが、エックス線とかガンマ線とかスーパーカミオカンデで発見した素粒子です。あれは質量があるのです。だから、光がどうも魂の正体、神の正体である。

だから、光が天から降りてくる。神社に短冊があります。あれは稲妻のマークです。しめ縄は雷雲で、ガランガランと鈴を鳴らすのは雷の音です。

神社の奥にはご本尊はありません。そこに出入りする人間が神なのです。世界の宗教の原点は古神道です。古神道の神社には、光の存在がちゃんとあるのです。神社の奥にある八咫鏡《やたのかがみ》は、あれに自分の顔を映して、あなたは神の分《わ》け御霊《みたま》ですよということを教えるためのツールなのです。日本人は神の存在をちゃんと知っているのです。

瞬間と永遠の両方を含むREISM

道元禅師は禅宗を開きました。中国に5つあった禅の宗派の1つを育てたのです。禅はもともとは中国だなんてとんでもない。全て、日本が出発点です。禅は、宇宙論をつかさどるような表現で言っていますが、男性原理に置きかえられてしまっている部分があります。実は禅は基本的に両性具有なのです。

今の禅は、今が全てということに特化しています。例えば、きのう交通事故に遭って片腕がなくなってしまったとします。今日、朝起きたら片腕がない。泣き悲しむ。しかし、今が全てであれば、腕がない今になり切れれば悲しくないだろうというのが禅の教えだというふうに持っていってしまったのです。でも、そうは言えない。

この論理を発展させると、連続殺人犯が後悔したから罪が消えるということになる。でも、そういうわけにはいかないでしょう。

著名な宗教学者のジョーゼフ・キャンベルは、30年ぐらい前に「瞬間は永遠を遮断する力を持っている。しかし、永遠は瞬間を超越している」と、瞬間と永遠の微妙な関係をうまく表現しています。

ＲＥＩＳＭは、瞬間と永遠の両方を含むのです。

神のかかわり

人間の脳には、側頭葉、前頭葉、後頭葉、それぞれ役目があります。これだって進化論でできたものではなくて、最初からこうだったのです。チンパンジーは何億年、何十億年たっても人間にはならない。その証拠に、カブトガニはいまだにカブトガニ、シーラカンスはいまだにシーラカンスです。どうも神がかかわっている。

手塚治虫の『火の鳥』

手塚治虫さんは『火の鳥』を書きました。彼はドクターで、いろんなことを知っています。

漫画の未来編の中に、火の鳥がミクロの世界にずっと入っていって、ギューギュー詰めになって、その先に行くと無限の宇宙が広がるような描写があります。まさしくこれが素粒子の世界です。原子核が10センチのリンゴと仮定すると、電子が回るエリアは約4キロになります。我々の中はスカスカなのです。それを手塚治虫さんは表現しています。

カラスは神の使い

黒いカラステングがいます。青いカラス、赤いカラス。青と赤はシリウスとオリオンです。でも、どういうわけか黒いカラスがいます。カラスは神の使いなのです。それが今は害鳥みたいに言われています。

私の地元の宇都宮大学はカラスの研究で有名ですが、第二次世界大戦前までは農家がお正月過ぎにあぜ道に食べ物をいっぱい置いて、「カ〜ラス来い、カ〜ラス来い」と歌ってカラスに食べてもらうカラス呼びという行事をやっていました。でも、どういうわけか戦争が終わったら、カラスは害鳥にされてしまいました。八咫烏です。全ての色を混ぜると黒になるのです。全ての光をまとめると無色透明になります。色と光は相反する関係があるのです。

覚醒する時代

『アートは資本主義の行方を予言する』（山本豊津／ＰＨＰ新書）という本があります。予言者は、本当は生きている間に世に出てはいけないのです。そのくらい時間がかかる。でも、今はインターネットの時代です。情報の伝達力がすさまじく速くなった。地球のガイアそのものと我々の脳細胞が連結されて、覚醒する時代が来たのです。

文化と芸術の発展

人類が生まれて、どういうスタンスを持って文化とか芸術が発展してきたかという原点に戻って考えてみたいと思います。

【図1－1】（89P）これは子どもが描いた絵です。

アルカイック、クラシック、バロックという3つのスタイルで変化していきます。アルカイックというのは原始です。原始的なところから、祈ったり、フィーリングから出発するわけです。

アルカイックから出発して、つくっていくうちにだんだん熟成されて、いいものができていく。その頂点がクラシックです。バロックになると、やり過ぎてコテコテになっていってしまう。そうすると、またアルカイックに戻ってくるのです。

我々は知らず知らずのうちに、この3つの繰り返しをやっているのです。これが短期間で起きるスタンスもありますが、何百年、何千年かけて、大きなうねりでアルカイック、クラシック、バロックが訪れます。

今の時代はどうなったか。アートのスタイルがやることがなくなってしまったのです。シュール（超現実主義）になって、今はポップアート、アニメアートまで行って、全てのジャンルが出尽くしています。バロックの先を考えなくてはいけない。目標としては、そこをREISMでひもときたいと思うのです。

子どもが最初に描くアートはアルカイック

【図１－２】子どもが最初に描くアートはアルカイックです。

子どもは色彩感覚がいいです。この色の隣に何を置いたらいいかというのが本能的にわかる。

人間は祈ることができます。天に向かって手を合わせてお祈りして、そこからエネルギーを得る。自分の枠を超えてしまっているところに行くときには祈りが必要なのです。

【図１－３】これはミレーの「晩鐘」です。五穀豊穣を願って祈っています。

食べさせてくれてありがとうという部分もあると思います。ミレーはバルビゾン派です。ミレーは自然派のようですが、バリバリの都会派で、こんな牧歌的な人間ではありません。

ノアの洪水以前の洞窟の壁画

【図1－4】人類が生まれて、まず洞窟にいろいろな壁画を描きました。これが1万7000年前に描かれたフランスのラスコーの壁画です。アルタミラの壁画はスペインです。ノアの洪水は1万2000年前で、それ以前にこういうものを描いている。

ここ何十年かで研究が進んで、奥のほうの壁画に星座が描かれていることがわかりました。どうやって描いたのか。BBCが台座を置いて星座の角度をフィードバックしたところ、壁画はミリ単位で狂いがなかったのです。でも、星座というのは絶えず動いています。全ての天球の星の位置を瞬間で移すテクニックはなかったはずです。ドームの中にコンピューターでプラネタリウムを投影して、ピンポイントで描いていったとしか説明がつきません。
結論から言うと、これはシリウス系が最高の文化をスペインとフランスに伝達したのです。我々はシリウスの直系です。
そうこうしているうちに、自然を守るなんてうそぶいて、10年ぐらい前からラスコーは立ち入り禁止になってしまいました。
【図1-5・6】 これはスペインのアルタミラの壁画です。手の跡とか牛の絵とかいろいろ描いてあります。これはどういうふうにして描いたか最初はわからなかったのですが、壁に手を置いて、岩絵の具を口に含んでブーッとやると、手の跡がくっきりと出ることがわかりました。これは永久に自分の存在を残そうという願いもあったのでしょう。
ここら辺一連は全部アルカイックです。
【図1-7】（90P）これはラスコーの壁画です。いろんな動物がいたようです。
【図1-8】 これはオーストラリアのアボリジニーのブーメランです。アボリジニーというのは霊感で全てがわかる民族みたいで、かなり感覚的に鋭いです。
【図1-9】 これはアボリジニーのお祭りの光景です。アボリジニーは、何十キロ先のことがわかるとか、人知を超えた特殊な能力があるのです。

【図1－10】これはアフリカのお面です。アフリカンアートとオセアニアアートは種類がちょっと違います。ピカソはアフリカンアートから影響を受けています。オセアニアアートはアジア系の理念が入っています。

【図1－11】これは木彫りの人形で、命そのものを人形に入れるのです。

昔は子どもがたくさん生まれると食べていけないので、冬の間に間引きしていました。その子の身代わりとして彫ったのが日本のこけしです。こけしというのは、子どもを消すという意味です。

アフリカにもそういう理念があるのです。同じように死んだ子どもを彫って身代わりとして身近に置いておいた。だから、アルカイックというのはバカにしてはいけないのです。アルカイックには本当に人の魂が入っているのです。

私は20年ぐらい前に、こけしはルーツが違うのだから、民芸品として売ってお金にしてはいけないという運動をしたことがあるのですが、商売に横やりを入れるなと言われてうまくいきませんでした。

【図1－12】これはたぶんギリシャ彫刻の前、ペルシャあたりです。シュメールとギリシャの中間ぐらいで、ここから徐々にアルカイックからクラシックに移行しつつある時期です。先ほどの木彫りよりは美術品としてだんだん熟成されてきています。美というものを意識し出して、完成形に近づく途中経過のものです。

【図１－13】（91P）これはアフリカのティンガティンガ絵画と言われる民族画です、これもアルカイックに入るでしょう。

【図１－14】これは頭の上にもう1人、人間がいます。これはたぶん幼くして死んだ子どもを何かの形で残したいと思ってつくったのだと思います。

どうしても美術館でこういうのをやると、アフリカ仮面と原始美術展なんていうことになるけれども、本当はそれだけではおさまりがつかないコンセプトを言わなくてはいけない。

【図１－15】これが古代インドのミテラ絵画です。これもアルカイックに入ります。

【図１－16】これもミテラ絵画です。

インドには、核戦争の痕跡があります。また、紀元前に書かれたインドの古代叙事詩の「マハーバーラタ」や「ラーマーヤナ」には、核戦争らしき描写が克明に書かれています。

今、インドの宇宙開発はすごいです。月の北極点におりたとか、火星にもおりたとか言われています。このままやっていったら、インドは大変なことになると思います。

命がけのアーティスト

評論家の方は、皆さんすばらしい仕事をなさっているので、どうのこうの言いたくないけれども、アーティストは命をかけているのです。生きるか死ぬかの先の仕事をやろうとしているわけです。

例えば、川で溺《おぼ》れている人がいたとします。評論家の方は、橋の上や、冷暖房の効いたバスの中で窓もあけないで「頑張れ、頑張れ」と言っているような感じです。アーティストは違います。土手をおりて水の中に入って、腕をつかまれたら自分も死んでしまうかもしれないけれども、自分のベルトを外して「これにつかまれ」というところまで行かなければアートはつくれない。評論家とアーティストの根本的な違いは、そこです。

我々は、溺れている人がいたら、冷暖房完備のバスの中から「頑張れ」と言っていてはダメなのです。土手をおりていって助けなくちゃいけない。今はその時代に来たと思いませんか。アーティストが主役ではない。皆さんも一緒に行かなくてはダメなのです。

私がＲＥＩＳＭをなぜひもとくかというと、人類の救済につながるヒントがある気がするからです。このまま行ったら人類は滅びます。人間は、モノとカネだけでは幸せになれないのです。

アルカイックからクラシックへ　そして宗教画の時代

アルカイックに移行するきっかけは、人間が本来持っている潜在意識、フィーリングで、それがもたらすものは祈りという行為から生まれてきます。だから、アルカイックの木彫りとかデザイン画をバカにしてはダメです。生まれてすぐ死んでしまった子どもの身代わりとして木を彫るとか、祈りが入っているのです。

アルカイックが花開いた後、徐々に感性が豊かになっていって、クラシックの世界に入っていきます。完成系に近づいてくるわけです。

ただ、西欧圏を中心に、王様を中心とした封建社会が長い間続いて、宗教画が一世を風靡《ふうび》しました。マリアとかキリストなどの宗教画を描く才能のある人を宮廷画家として雇いました。ベラスケスとかゴヤは宮廷画家です。国をコントロールするためのアートの時代が長く続きました。

アナーキズムの台頭、印象派の芽生え

でも、そういう時代はいつまでも続きません。ルイ15世のお妾さんのポンパドゥール夫人は浪費癖が激しくてカネを使い過ぎてフランスの経済がガタガタになって、餓死者も出るような事態になり、フランス革命のきっかけにもなっています。

フランス革命後、パリ・コミューンにより、1カ月半ぐらい、パリが無政府状態になりました。後にマルキシズムとアナーキズム（無政府主義）の2派に分か

れ、共産圏、自由圏の基盤ができたと言ってもいいと思います。マルキシズムはすくすくと育ったけれども、共産主義になると働く意欲が湧かず、なかなかうまくいかない。自由圏は花開いたようですが、アナーキズムは消えてなくなってしまいました。

アナーキズムというのはあまりに漠然としています。アナーキズムの延長の活動をするとなると、反政府的な活動になってしまいます。アナーキストになる。アナーキストは警察の警備対象者で、大変な罪悪人のグループというレッテルを貼られてしまったけれども、実は人間が本来持っている自由がアナーキズムから芽生えたのです。

それで、フランス革命が終わってから、印象派が出てきます。モネが「印象・日の出」という絵を描いたことで印象派と呼ばれるようになったのですが、それ以降、一気に自由に描くアートが花開いたのです。

メディチ家と、ダ・ヴィンチ、ラファエロ、ミケランジェロ

2019年はダ・ヴィンチ没後500年で、世界的にダ・ヴィンチブームです。

ローマ1000年の繁栄を呼び戻そうというのがルネサンスの根底にあって、ここにメディチ家が大きくかかわったわけです。

メディチ家は銀行の総まとめ役でカネを持っているので、その支援を受けてルネサンスが一気に花開いて、これがアルカイックからクラシックのアートの幕開きです。

メディチ家は、レオナルド・ダ・ヴィンチ、ラファエロ、ミケランジェロ、3人の巨匠を雇いました。ただ、ミケランジェロとラファエロはバチカンのシスティーナ礼拝堂の仕事をバンバンもらえたのに、どういうわけかダ・ヴィンチは全く仕事をもらえなかったのです。

ダ・ヴィンチは晩年に、「私はメディチ家によって救われたけれども、最後はメディチ家によって台無しにされた」という謎めいた言葉を残しています。

ルネサンスというのは、イタリアのルネサンスとフランスのルネサンス、２派に分けて考えたほうがいいと思います。どういうわけかというと、ダ・ヴィンチはイタリアで仕事をもらえなかったので、最終的にフランソワ１世に招かれてフランスに行ったのです。

ダ・ヴィンチは、フランスのフォンテーヌブロー派に貢献しています。これは日本の昔のアートと同じように詠み人知らずで、人間の持っている美を追求してヌードの絵も大きく花開きました。ダ・ヴィンチはフランスのアートの発展に大きく貢献したと言えます。

ルーブルに「モナ・リザ」の絵があるのは、そういうことです。イタリアは、「モナ・リザ」はイタリア人によるイタリアの名画だから返せと何度もフランスに申し入れて、裁判もやったのですが、フランスは「何を言っているんだ。イタリアがダ・ヴィンチを追い出したんじゃないか。『モナ・リザ』はフランスの宝だ」ということで返しませんでした。

ルネサンスの研究では青柳正規先生が世界的権威で、なぜ１０００年繁栄したローマ帝国が滅びたのかという研究でも第一人者です。一緒にお酒を飲んでいるときに私が「先生、日本人だったら日本人の研究をやってくださいよ」と言ったら、それから口をきいてくれなくなりました。日本の琳派と曽我蕭白の違いのほうがカッコつくと思うのですが。

【図1－17】ダ・ヴィンチら3大巨匠の20、30年前に、「ヴィーナスの誕生」などを描いたボッティチェリという天才がいました。彼のパトロンもメディチ家です。

【図1－18】これが有名な「プリマヴェーラ」です。これから実際のルネサンスに入っていきます。

【図1－19】（92P）これがミケランジェロの「天地創造」です。

【図1－20】これがミケランジェロの「最後の審判」です。

キリスト教自体が、イエス・キリストが死んで300年以上たってから、コンスタンティヌス大帝が枢機卿を集めたニカイア公会議で捏造したのです。

キリストというのは、もともとYAPマイナスですから、DNAは日本人なのです。やつらがシリウスのキリスト教からオリオンのキリスト教に300年以上かけて捏造して、アートもその手先として利用したわけです。つまり、反乱が起きないために1つの方向に向かせようということです。

ダ・ヴィンチはなぜ外されたのか。ダン・ブラウンの『ダ・ヴィンチ・コード』は全くのフェイクです。ダ・ヴィンチは一体何者なのか。イルミナティの裏の総長です。

イルミナティというのは、メイソンの上にいて、さらに悪いやつらだみたいに言われていますが、それは違います。イルミナティというのは光の子という意味で、シリウスにつながってくるのです。だから、イルミナティはグノーシス派という精神主義を大きく受け継いでいるので、モノとカネで幸せにしようというメディチ家の理念にダ・ヴィンチは反するわけです。精神性をうたおうとするから、ダ・ヴィンチは外されたのです。

【図1－21】 これはシスティーナ礼拝堂の天井の壁画です。

【図1－22】 これはミケランジェロのダビデ像です。ダビデは、今から3000年前の2回目のローマの発展を願おうとしたときの王様です。

今から4000年前がイサク、ヤコブ、アブラハムで、アブラハムは日本人です。ヤコブは天使と相撲をとりました。そのルーツは日本の国技の相撲です。

紀元前300年か400年前にイスラエルには12支族いて、ローマの迫害に腹を立てて戦争をしようと言ったら、10支族が戦ってはいけないということで三種の神器を持って砂漠に消えてしまいました。40年かけて、最終的に出雲に到達しました。イスラエルに残った2支族はローマに挑んでコテンパンにやられて、バビロンに40年間も閉じ込められました。

その後、ユダヤ教は古神道に近い霊的な教えになり、それがタルムードという新訳のユダヤ教になり、選民思想になって迫害されるようになって、それがホロコーストにつながったわけです。ローマにコテンパンにやられた2支族は後から日本にやってきて、それが神武東征につながるのです。

話が飛びましたが、ダビデは最高の王だということでダビデ像をミケランジェロにつくらせるわけですが、これは完全にヤラセです。

我々はダビデのひこばえだなどとうそぶいている人がいますが、12支族はダビデではありません。イサクの子どものヤコブのひこばえなのです。

だから、ダビデ像は、シリウスの歴史からオリオンの歴史に捏造するのにミケランジェロが加担してつくったということです。

【図１－23】この絵はラファエロの「マリア像」です。ラファエロはすばらしい描写力を持った天才ですが、長生きしませんでした。ラファエロの絵は、毒がなくて、すごくきれいです。でも、きれい過ぎる。ここがダ・ヴィンチの絵と大きく違うところです。

ここで注目してください。マリアとイエスのバックにある空は晴れ渡っています。牧歌的で、大自然をすごく賛美しています。

【図１－24】ダ・ヴィンチの「モナ・リザ」のバックは青空ではなくて、岩山の崖と荒野です。発想の原点がラファエロと根本的に違う。

【図１－25】（93Ｐ）これは有名なフォンテーヌブロー派の絵で、女性が隣の女性の乳首をつまんでいます。でも、いやらしくない。アルカイック、クラシック、バロックと行って、エログロナンセンス、耽美主義に行くのですが、この絵はそのきっかけをつくっています。

【図１－26】これもフォンテーヌブロー派に属するアートですが、フォンテーヌブロー派の絵はほとんどの作品に名前が書かれてないので、詠み人知らずなのです。

【図1－27】これもフォンテーヌブロー派のアートです。女性のヌードを大々的に描けるようになったのは、フォンテーヌブロー派のおかげです。このころはまだ印象派は生まれてません。

メイソンのルーツ

イギリスのメイソンとイタリアのメイソンはルーツが同じなのです。イギリスのメイソンはケルトを追い出したのです。ケルトがアイルランドと仲が悪いのは当然です。人種が違う。ケルトはYAPプラスで、アイヌと同じ連中です。だから、大自然擁護主義なのです。

イギリスとイタリアは、カバラで言うところのカナヤです。頭の民族がシリウス、真ん中がサハラ、左がカナヤで、カナヤというのは金属加工業で、オリオンの連中はモノとカネという考えなのです。

アガサ・クリスティーの『オリエント急行殺人事件』は、画商が絡んでいておもしろいです。全員が犯人で、画商を殺したわけですが、この小説の魅力は、ストーリー展開のおもしろさだけではなく、人間としての愛、許すということがあるからではないでしょうか。

アルチュール・ランボーとオスカー・ワイルド

人間の感性が徐々に発展していって、印象派から象徴派へと行きますが、私はムンクとかを中心とした象徴派に非常に興味があるのです。あれは耽美主義ではない。耽美主義と象徴派の大きな違いは、次回（第2章）ひもときたいと思います。

まずは、詩とか小説でクラシックにたどり着いてきたものを説明したいと思います。

オスカー・ワイルドは、『幸福な王子』という有名な童話を書きました。町の広場に立っている王子の銅像が、ツバメに、自分を飾っている宝石などを貧しい人に届けてくれ、飢え死にしそうな子どもがいれば、私のサファイアの右の目玉を取って届けてくれ、次は左の目玉も取って届けてくれということで、ついには盲目になってしまった。でも、それが私の幸福なのだと言うわけです。この発想は見事です。東洋人に通じる献身的な愛です。オスカー・ワイルドは根底的に愛の殉教者です。

アルチュール・ランボーも同時代の人です。『酔いどれ船』という長編韻文詩を書きました。ランボーは、15歳から18歳まで傑作を書き続けて、20歳になる前に詩作をスパッとやめてアフリカに行って探検家になってしまって、アートを語る人も軽蔑したということです。

私は大学をやめて絵描きになろうとして飢え死にしそうになっていた19歳のときに、東京の高田馬場の古本屋で『酔いどれ船』を見つけて読んで、人生が変わるぐらい衝撃を受けました。人生を、漂流のあげく廃船になって海の底に静かに眠るというようなストーリーで書きあらわして、テクニックはすごいです。

ランボーは、その死後、世界中の詩人や作家に、いまだに影響を与え続けています。しかし、今考えてみると、ランボーはテクニックの天才ですが、そこには基本的な愛がないのです。

しかし、オスカー・ワイルドには愛があるのです。だから、アート、文化の根底にあるのはテクニックとか技術ではない。自分を捨ててまでも人の幸せのために尽くすという愛が必要だというのが、ＲＥＩＳＭのたどり着く終点のコンセプトだと私は思うのです。

このころから耽美主義が始まってきたのですが、オスカー・ワイルドは耽美主義には染まりませんでした。だから、道を外さない耽美主義者だという定義づけでいいと思います。

ＮＨＫブックスから出た『オスカー・ワイルドの生涯—愛と美の殉教者』という本があります。ＮＨＫのわりによくまとめていると思います。

これはランボーのたぶん18歳ごろの写真です。彼は探検家になって、病気になって壊死した片足を切断してギブスをつけたりしていたのですが、最後はアフリカで亡くなりました。でも、いまだに世界中に影響力があるのです。

「アルチュール・ランボー：生涯と作品」という一文から引用します。

「アルチュール・ランボー（１８５４—１８９１）は、普仏戦争とパリ・コミューン前後のフランスに彗星のように現れ、光り輝くような作品を残して、あわただしく文学史の表舞台から去っていった」——だから、パリ・コミューンというのは、人類の大きな分岐点なのです。

「その文学的活動は数年にとどまり、しかも20歳を前にして筆を擱《お》いたにかかわらず、作品群は独特の香りに満ち、後の詩人たちに巨大な影響を及ぼした。フランス文学史上、孤高の光を放った稀有の詩人である。アルチュール・ランボーは、1854年8月北フランスの小都市シャルルヴィルに生まれた。父親は軍人であったが家庭を省みず、退役した後も家族のもとに帰ることがなかったので、アルチュール・ランボーは兄や妹とともに、厳格な母親に育てられた。この母親を、少年のアルチュールは絶えず煙たく思い、母親の忠告を『亡者の繰言』といって軽蔑していたようだ」――ここに大きなヒントがある。ランボーは家族の愛に飢えていた。それが彼の文学の根底にあったのです。

愛の引き潮によって花開いた大野一雄の舞踏

我々も同じです。アーティストは、海のエネルギーのような愛の満ち潮と引き潮によって大きく影響されます。平凡な家庭でそのまま大きくなると、波風立たないのです。生まれながらにして引き潮で愛を決定的に失ったことによって巨匠になるか、ふんだんに愛を受けたことによって巨匠になるかのどっちかです。ですから、不幸を恐れてはいけません。大化けするきっかけを神が与えてくれている。そういう人はたくさんいます。

大野一雄先生は、私に何度も秘密を教えてくれました。大野先生は函館の漁業組合理事長で大富豪の家に生まれて、下男がたくさんいて、兄貴は東大を出ていて、お母さんは明治時代にフランス料理の達人で、家の中にいつもクラシック音楽が流れていた家で育ったそうです。

ただ、彼は6歳のときに、３つ年下の妹が路面電車に轢《ひ》かれて即死したのを目《ま》の当たりに見てしまった。そこから彼の生と死の舞踏が花開いていったのです。彼は亡者のように全身を白く塗って踊りますが、あの世に行って妹に会いたいというのが彼のエネルギー源ではないかと私は思っています。だから、あの不幸がなければ、世界の大野一雄は実現しなかった。これは愛の引き潮になります。

ヨシダ・ヨシエ　オノ・ヨーコ　草間彌生

美術評論家のヨシダ・ヨシエさんも、2歳のときにお母さんが服毒自殺していなければ、世界のヨシダ・ヨシエにはならなかったでしょう。

ヨシダさんは埼玉県で教育委員会を牛耳っていました。オノ・ヨーコは銀行の要職を務めた人の娘ですが、ヨシダさんはオノ・ヨーコと仲よかったのです。

彼はジャズの国際的評論家でもあって、ジャズの後にロックが出ましたが、ビートルズのデビューにもかかわっていました。それで、自分の彼女のオノ・ヨーコをジョン・レノンに紹介したわけです。

ジョン・レノンは、そのころつき合っていた草間彌生さんを捨ててオノ・ヨーコに切りかえたのです。

草間彌生さんは村田慶之輔さんと細江英公の彼女でもあって、村田先生は酒を飲むと「彌生ちゃんは柔肌で、おへその横にほくろがあって、そのときによってほくろの位置が違うのが月と金星の関係のように見える。どういうわけだろう」

と言うので、「そのときに村田先生が彌生ちゃんのどこにいるかによって位置が違うんじゃないですか」と言ったら、「あ、そういうことか」なんて言ってましたね。

この話を私が細江英公写真芸術研究所で細江さんに言ったら、「彼女はへその横にほくろなんてない」と言うので、「だって、私は何回も聞いていますよ」と言ったら、「じゃ、来てみろ」と言って奥のロッカーから、草間彌生の若いころのフルヌードの写真を１００枚ぐらい見せてくれたのです。「これはすごいコレクションじゃないですか。本にしたらどうですか」と言ったら、「いや、これは俺のプライベートコレクションなんだ」と言ってました。

この話を知っているのは、実は私しかいません。これは相当な話です。

村田先生は文化庁の役人で、大阪万博が終わった後、文化庁の予算で国立西洋美術館の３倍ぐらいの規模の国立国際美術館をつくりました。

そのころ、ジョン・レノンに捨てられてしまってニューヨークにもいられなくなって文無しで日本に帰ってきていた彌生ちゃんから、村田先生に毎日電話がかかってくるわけです。美術館の電話が塞がってしまうので、彼女専用のホットラインの電話をもう1本引いたという逸話があります。それでしょうがないので、彌生ちゃんの作品を大量に国立国際美術館が購入して、草間彌生展をやったのです。これがなかったら、今の世界の草間彌生は存在しなかった。

今話したのはみんな真実です。多くが他界してしまっているからいいんです。俺が言うなら許してくれると思う。

ヨシダ・ヨシエさんは、オスカー・ワイルドをあまり好んでないのです。なぜなら、母親の愛を知らないから、オスカー・ワイルドのすごさがわからないのではないかと私は思っています。

ヨシダさんが信奉していたのは、実はマラルメです。マラルメは、アルチュール・ランボーとかオスカー・ワイルドより知られていないけれども、実はヨーロッパ、アメリカを中心に大変評価が高い人です。

私は、顔を見ただけで霊感でわかるのです。いい男で、水も漏らさぬ感性の持ち主だけれども、マラルメはテクニックに走り過ぎて、根底的なものに欠けていると私は判断するのですが、いかがでしょうか。

マラルメは、多岐にわたる研究でさまざまな小説や詩を書いていますが、フランス人はフランス語が世界最高のボキャブラリー、イントネーションだという自負心があるので、最後に、フランス語を自分で改ざんした文章をつくっています。でも、テクニックをどこまでもやると、感動が消えるのです。感心はどんどん膨らむけれども、感動が消えていく。大野先生とたどり着いた結論は、そこなのです。

感動がない三島由紀夫の作品

三島由紀夫の作品も、感心するけれども感動がない。だから三島は行き詰まったのです。

大野先生は学校の体育の教師をやっていたときに、横浜で月に1回、土曜日の夜から明け方まで、土方巽と一緒に舞踏の研究会を開いていました。土方は暗黒舞踏というのをつくって、玉野黄市、小林嵯峨が一番弟子です。

私が10年前にビバリーヒルズでアート発表をしたときに、息子さんの大野慶人と玉野黄市もジョン・ソルトの家に来てくれて、そのとき大野さんと話をしたら、月に1回の研究会には三島さんが必ず来てくれて、練習が終わると、すぐ隣に来て、「いやあ、先生の踊りは上手ですね」と言うのだそうです。

大野一雄は、「上手ですねと言うのは私に失礼だ」と言って怒ってました。私は最初は何を言っているのかわからなかったけれども、「上手ですね」と言われると、その後で会話が続かないからです。

私の場合はね「大野先生の指の先が天とエネルギーでつながっていますね」とか言います。すると、そこから会話がどんどん続くわけです。「上手ですね」というのは、テクニックを言っているわけで、相手と自分の間を遮断する言葉なのです。

だから、三島の作品は感心はするけれども感動がないというところにたどり着いたわけです。

先ほども言ったように、マラルメがそのタイプです。だから、ヨシダさんはいいと言うけれども、私はマラルメは支持しません。

イギリスのメイソンとフランスのメイソン

コロンブスがアメリカ大陸を発見して、イギリスのメイソンが最初に移り住んで植民地にして、英語を使う国にしてしまったわけです。イギリスは紅茶の国です。紅茶税というのをつくって、高額な税金をアメリカの連中に払わせた。その利益は全部イギリスのメイソンに行ってしまうから、ふざけるなということになって、それがアメリカの独立戦争の引き金になったのです。

裏でそそのかして火をつけたのがフランスのメイソンです。独立戦争にまんまんと勝って、勝利記念につくった町がニューヨークです。だから、ニューヨークはセントラルパークを中心に左右対称の町です。シンメトリーというのは、ベルサイユ宮殿も含めてフランスのメイソンの概念なのです。フランスのメイソンがつくって独立記念日に送ったのが自由の女神像です。だから、自由の女神像はフランスのほうを向いているわけです。

ニューヨーク近代美術館（ＭｏＭＡ）に印象派の名画がたくさんあるのは、ニューヨークはフランス直系だからです。

白人優越主義のＫＫＫ団が、とんがり帽子をかぶって、たいまつを掲げてニューヨークの夜の町を練り歩くのは、ボストン発のイギリスのメイソンが、いまだに世界のメイソンはイギリスだというシュプレヒコールなのです。

そして、ボストンに追いやられておもしろくないということで、ニューヨークに対抗して生粋のイギリスのメイソンの町としてつくったのがロサンゼルスのビバリーヒルズで、ビバリーヒルズはイギリス直系なのです。だから、ビバリーヒルズの主要なところのトップは、ハーバードを出てないとなれないのです。ジョン・ソルトも、ゲティセンターのチーフキュレーターのジョン・ダインも、ハーバード出身です。

ビバリーヒルズにはロサンゼルス・カウンティ・ミュージアムという大きな美術館があるのですが、ニューヨークのＭｏＭＡに対抗意識むき出しです。

５、６年前に、ジョン・ソルトがゲティセンターに篠崎崇研究ブースをつくってくれたのですが、私は忙しくて、いまだに行けないのです。私は家族から三行《みくだり》半《はん》を突きつけられてるのですが、うちのワンコと猫が私にしか懐いていないので、私がいなくなると大変だからです。

動物はすごいです。どの人間が一番愛情豊かかということを知っている。うちの動物はすばらしいです。

潜在意識が目覚める3つ目

人類がアルカイックからクラシックに移行してバロックになりつつあるという1つの頂点の文化をピックアップして、皆さんと一緒に考えてみたいと思います。

俗に「名画」と言われているものがあります。天才的なアーティストといえども、年がら年じゅう傑作を残すことはできないのです。そのときのエネルギーの流れとか、環境とか、さまざまな社会的な影響で揺れ動きます。

しかし、名画を生み出したときの時代背景、その人の生活環境などをずっと見ていくと、1つの方程式が徐々に見えてきます。

人間は、漠然と暮らしていたときには本領を発揮しません。とことん追い詰められて絶体絶命になったときに、今までにないような発想が突然湧いてきて、なんでこの発想がもっと早めに浮かばなかったのかという経験をしたことがあると思います。

人間の潜在能力の99％は眠っているけれども、究極になると3つ目の目が開いてスーパーサイヤ人になるような瞬間があるのです。そのときに生まれたのが名画なのではないか。どういうシステムで、どういうときにどうなるかということを、少しずつひもといていきたいと思います。

哲学にしても、心理学にしても、人文科学にしても、さまざまなジャンルで研究が進んできています。昔の修行僧は、朝の2時、3時に起きて野山を駆け回ったり、滝に打たれたり、生きるか死ぬかの修行をしました。なぜあんなことをするかというと、極限状態まで行ったときに人間の心がどう変化するかをシミュレーションしているわけです。

例えば、胸のところを縛って後ろにひもをつけて、それを4人くらいの修行僧が手で持って、断崖絶壁から体を半分以上突き出す。その状態で30分、1時間たつと、その人は自分は無力だということを悟るわけです。後ろにいる人間が裏切って手を放したら死んでしまう。人間は、そういうふうに追い詰められると、潜在意識的なものが目覚めるときがあるのです。
私の予想では、そのときにカバラの設計図にたどり着くのではないでしょうか。

カバラの設計図

カバラは、全ての生命生誕の科学技術書である。
エデンの園は、生命生誕の科学技術庁のエリアである。
創世記を実践した科学者集団がエロヒムである。
最初の不老不死クローンがヤハウェである。
処女懐妊のイエスは、エロヒム集団によるヤハウェの人工授精である。
歴史上の預言者は、ヤハウェに端を発するクローン人間である。

人類の歴史上、要所要所でさまざまな預言者が生まれます。どれとどれが同じクローンを使っているのかということが、カバラの本（『カバラ日本製』ヒカルランド）に書いてあって、そこにアーティストの心理もうまく当てはまってくるのです。

エロヒム集団ヤハウェのルーツは、シリウス経由の日本人集団である。

日本人のYAPマイナス遺伝子は宇宙創生以前の唯一の遺伝子である。

YAPマイナス遺伝子は本土の日本人の42％で、韓国と中国の方は、そこに追随する仲間です。だから、アジア圏は、シリウスが龍座の人たちにも遺伝子操作して精神的な世界をつくり上げようとしたのです。

だから、中国を含めてアジアでは龍は神なのです。アンコールワット遺跡群は、1万2000年前の龍座の形をしています。

でも、オリオンの連中はカネとモノだから、それが邪魔なので、龍を悪魔の使いにしてしまいました。

YAPマイナス遺伝子の究極の形態は999に行きます。

二重螺旋《らせん》で333の倍で666が日本人の秘密になってくるので、オリオンの連中は６６６は悪魔の数字と言って忌み嫌っています。

でも、セブン-イレブンは７＋11＝18（６＋６＋６）だし、バーコードの左右と真ん中にある区切り線は６６６を示しているとされています。

生命体の究極の形態は二重螺旋ではなく、いずれ遺伝子は三重螺旋になるという預言があります。そのときに９９９になるのです。

だから、『銀河鉄道９９９』は八咫烏の指示でつくったのではないかと私は思っています。

マティスの「ダンス」

【図１－28】印象派の最高傑作はマティスの「ダンス」だという説があります。

その下絵がニューヨークのＭｏＭＡ、清書したものがエルミタージュにあります。

ロシア革命の前に、ロシアにはシチューキンとモロゾフという大富豪がいました。彼らがパリに行って、若き無名のマティスに命の原点のアートをつくってくれと依頼して下絵を４枚描かせて、これにしようと言って描かせたのがエルミタージュにある「ダンス」です。

ただ、この絵は、マティスにしてはどうも哲学的過ぎる。マティスは色彩の魔術師などと言われているけれども、こういう哲学的な作品はそんなに描いていません。実はこれはシチューキンの作品なのです。

この絵を見ると、下のグリーンが地球で、周りが宇宙で、5人の女性が輪になっている。これはカバラの真ん中であり、五重塔につながる。カバラにたどり着いているのです。シチューキンはすごいのです。

ムンクの「生命のダンス」

【図1－29】これはムンクの「生命のダンス」です。ムンクは「叫び」が有名ですけれども、私の個人的な見解では、これが頂点ではないかと思います。

左側の白い服を着た女性が世の中を知らない純粋無垢な少女。真ん中の赤い服を着た女性が、成熟した、頂点。右側の老婆が衰退。この3人が3でカバラにつながります。背後で、たくさんの女性が踊っています。

ムンクは、５歳のときに母親が結核で死に、14歳のときに親代わりで育ててくれた姉のソフィーが結核で死んでしまいました。そういうことからムンクは、愛する人が目の前から消えるという不安を抱えながら生きた人です。愛の引き潮です。これを一生懸命穴埋めしようとして絵を描いた。これが象徴派の原点と言われるムンクを育てたのです。

ピカソの「ゲルニカ」

【図１－30】これはピカソの「ゲルニカ」です。ゲルニカはスペインの小さな町なのに、ナチスは無差別爆撃したのです。ゲルニカを空爆しても何の意味もない。バルセロナをやらなきゃダメなのに、こんな小さな町をなぜ空爆したのでしょうか。実はここがアーティストの発祥の地なのです。

ナチスはアーリア人で、アーリア人は牡牛座です。だから、スペインでは闘牛をやって牛を殺すのを見て、アーリア人に侵攻されなかったということで、みんな喜ぶわけです。私はアーティストの知人が何人かいますが、スペイン人は野蛮な民族じゃありません。町に牛を放して、人々が命からがら逃げるというお祭りもあります。

牛追い祭りでも闘牛でも、時々死者が出ますが、一向にやめません。牛から逃げるというのは、それほどスペイン人にとって重要なことなのです。

ところが、インドはアーリア人をすんなりと受け入れました。ヒンディー語の原点はアーリア語です。だから、牛は神の使いということで、絶対に殺してはいけない。

スペインとインドでは、牛に対して大きな見解の違いがあります。

「ゲルニカ」は傑作です。よく見ると、3や5という数字が入っているのです。アーティストも含めて人間は、究極まで行くとカバラの設計図が体に宿るのです。スーパーサイヤ人に変化すると、カバラになる。

アンリ・ルソーの「戦争」

【図1－31】（94P）これはアンリ・ルソーの「戦争」という絵で、横幅が3、

4メートルある大きな絵です。ルソーは素朴派と言われていますが、とんでもない話です。彼はすばらしいアバンギャルド、前衛です。

この絵は、白い部分が3つでトライアングルをつくっています。カバラです。下に人がいっぱい死んでいるけれども、実に美しい。これはルソーの愛です。

ゴーギャンの「我々はどこから来たのか　我々は何者か　我々はどこへ行くのか」

【図1－32】これはゴーギャンの「我々はどこから来たのか　我々は何者か　我々はどこへ行くのか」という絵で、4メートルぐらいあります。彼はこの絵を描いてから何カ月もたたないうちに、自殺を図っています。

この絵はムンクの「生命のダンス」につながるような構図です。右下にいるのが少女、真ん中にスッと立っているのが聖女、左下にいるのが老婆で、女性の一生のように見えます。後ろに慈母神がいます。

実はゴーギャンはフランスの証券取引所のエリート社員で、毎日銭勘定で動いていた人間だったのです。頭がよかったのでしょう。でも、嫌気が差して、人間が本来持っている素朴の極致に行きたいということでタヒチに渡ったわけですけれども、奥様は理解してくれなくて、別れ別れになってしまいました。何年かに1回パリに戻って展覧会をやるけれども、さっぱり売れない。

ゴーギャンの娘はお父さんの天才性を知っていて、お父さんは時代を変える人なんだと言って、一生懸命働いてタヒチに仕送りしてくれたのですが、体を壊して死んでしまったのです。その後に描いたのが、この作品です。だから、真ん中に立っている女性は自分の娘なのです。娘へのオマージュとして、この絵を後世に残した。つまり、ぎりぎりの精神状態で描くと、カバラに行くのです。

イコン画

【図1－33】中世は、宗教画が席巻しました。マリアの絵とかイエス・キリストの絵とか、いろいろあるけれども、紀元前のイコン画がルーツです。

パリのシテ島の地下にあるノートルダム駅から上がってきて、セーヌ川を渡って太西洋側に向かって20～30分歩くと、古い、小さな教会があります。イコン画が何百枚も飾られているのですが、パリの人にもあまり知られてないらしくて誰もいなくて、入場料も取らないので、もしパリに行くときがあったら、あそこは狙い目です。すばらしい。

フランスなのにキリスト教画を飾ってなくて、イコン画なのです。というところから、イギリスのメイソンとフランスのメイソンの決定的な違いが見えます。

【図1－34】これもイコン画です。これをもじったのがキリストとかマリアの絵です。イコン画というのは紀元前のものですから。

曼荼羅の数字はカバラ

日本には曼荼羅《まんだら》というものがあります。曼荼羅の数字は、ことごとくカバラの数字になります。丸の中心を数えると、3、3、3で9になって、丸の周りの小さい丸まで数えるとカバラにつながっていきます。

【図1－35】曼荼羅には金剛界と胎蔵界と2つあるのですが、これは金剛界です。

【図1－36】これはカバラで、真ん中を中心にして上が4つ、下が1つ、全部で5です。五重塔のもとです。

【図1－37】（95P）これは日光の輪王寺の金剛界と胎蔵界の曼荼羅ではないかと思うのですが、調べたけれども出てきませんでした。9と7と6でつながってくる。これはたしか両方とも国宝になっています。

チベットにもYAPマイナスの人々が住んでいる

日本で密教というと空海の真言密教と最澄の天台密教の2宗派しかありませんが、チベットにはいまだに200宗派ぐらい密教があるのです。

YAPマイナスは日本だけではなくて、実はチベットにもYAPマイナスの人々が住んでいるのです。彼らは何者なのか。

実は世界を救う島として日本列島をつくって、それが世界の大陸のシュミレーションにつながっているわけです。北海道が北アメリカの形、本州がユーラシア大陸を引き伸ばした形、九州がアフリカと南アメリカの形、四国がオーストラリアの形で、阿蘇山がキリマンジャロです。富士山がユーラシア大陸の真ん中のエベレストで、瀬戸内海が地中海に位置します。ことごとくリンクしているのです。

地球上で、主立ったところで４回から５回、氷河期がありました。大西洋よりも太平洋のほうが大きい暖流が流れています。亜熱帯から来る世界最大の暖流は黒潮です。それが日本海側と太平洋側と２派に分かれて、日本列島を凍らない島にしたのです。だから、日本ではさまざまな落葉樹林が生き残ったのです。

紅葉といっても、西洋では全部黄色とか変化に富んでいないけれども、日本の場合、同じ赤にしてもモミジとカエデでは違うし、さまざまな色に紅葉する国は日本しかありません。これも黒潮が守ってくれたおかげです。

また、本来なら偏西風がサハラ砂漠からタクラマカン砂漠、ゴビ砂漠と吹いてきて、日本は砂漠になるエリアなのです。でも、日本を砂漠にしないために、神の国日本を守るために、プラズマ作用で地殻を動かしてぶつけてせり上げてヒマラヤをつくったのです。

ヒマラヤのおかげで偏西風は迂回して、インド洋で亜熱帯の水蒸気をたくさん含んで日本列島にやってきて、日本の２０００メートル級の山にぶつかるわけです。こうして日本を雨が降る国、水の国にしたのです。ヒマラヤがなければ、日本は砂漠だった。

チベットに密教が200宗派もあるのは、ヒマラヤを守るためなのです。YAPマイナスの修行僧を置いて、チベットの自然を破壊させないようにしているわけです。

最近、NHKの衛星放送でシルクロードの番組をリバイバルで流しています。あれを見ると、千何百年前にはシルクロード沿いは緑と水が豊かで、たくさんの都市があったことがわかります。それが砂漠化してしまったわけです。あれは偏西風の流れが変わったからです。

装飾画の終焉

アルカイックからクラシックに入って、私は象徴派あたりが人類が残したアートの頂点じゃないかと思います。すばらしい。そのころの時代のアーティストは極限の状態まで行っていることもあって、飾り気を持たせる余裕もなかった。その後、徐々に装飾的になっていって、装飾画は終焉していくわけです。

バスキアとエゴン・シーレの2人展

バスキアはヘロイン中毒で27歳で死んでしまいました。

エゴン・シーレとバスキアは何十年も違うのに、２０１８年に2人展がフランスのブローニュの森の中にある美術館で開催されて大盛況だったそうです。エゴン・シーレとバスキアというのは、なかなかいい組み合わせだと思います。

記事を引用すると、「パリはこの秋、続々と興味深い展覧会がスタートした。中でも興味を引いたのは、２０１４年オープンのルイ・ヴィトン財団美術館で開催される『エゴン・シーレ展』『ジャン＝ミッシェル・バスキア展』だ。この個性的な2人のアーティストのペアリングは、Le monde、Le temps L'express 誌などのネットニュースで取り上げられ、パリ外れのブローニュの森の中というアクセスの悪さを考えても、観るべき注目の展覧会として話題になっている」。

これはさすがです。フランス発で時代を変えようとしている。いずれ世界中に飛び火するでしょう。

命ぎりぎりのアートの時代に入ったのです。今は一般大衆がプロフェッショナルを超えた時代です。

私は7年前に岡本太郎美術館で、東大、京大、理研、天文台、学者連中の卵と一緒に展覧会をやりましたけれども、全く話が通じない。彼らは1つの部分だけのスペシャリストで、全体像の話になったら何が何だかわからない。

今の人たちはインターネットであらゆる情報をつかめるので、雑学者になれる。スペシャリストというのは専門分野だけなので、これからの時代はそれでは追いつかないのです。だから、ゼネラリストの我々が世の中を変えなければダメなのです。専門家に任せておいてはダメ。そういう時代に来ているのです。

今の人はアンテナが高いから、普通のアート展では人が入りません。バスキアとエゴン・シーレ、おもしろいでしょう。

エゴン・シーレは命ぎりぎりのアート

エゴン・シーレは、クリムトとともに世紀末ウィーン美術と言われているけれども、私は子どものときからクリムトがいいと思ったことはない。エゴン・シーレです。装飾性はないけれども、エゴン・シーレは命ぎりぎりのアートです。

エゴン・シーレは、その辺を歩いている12、13歳の女の子を家に連れてきて、お小遣いをやってすっ裸にして股を広げさせて、命原点の絵を描きました。ただ、その子の親から告発されて裁判にかけられて有罪になって、彼の描いた絵は燃やされてしまいました。もったいない。たくさんの作品がこの世から消えてしまった。

その次は何か。ジェネラリスト、我々素人集団でＲＥＩＳＭを起こすのです。そうしないと人類は滅びます。装飾画の時代はもう終わっています。アートは、羅針盤として、この先を考えなくちゃいけない。

ＲＥＩＳＭは愛を基本としています。日本語の最初の母音はアとイです。日本語はそこから扇形にできている。愛が基本なのです。これが言霊《ことだま》です。

バスキアも命ぎりぎりのアート

【図1－38】バスキアのドクロの絵はZOZOTOWN創業者の前澤さんが123億円で落札しましたが、彼は300億円か400億円、バスキアの絵を買っています。

バスキアは何者かというと、母親はプエルトリコ系移民、父親はハイチ系移民で、ブルックリン生まれで、彼自身は黒人アートと言われることを嫌がっていました。17歳のころから地下鉄やスラム街でスプレーペインティングのアーティストとしてやっていて、キース・ヘリングが目をとめてアート界にデビューさせたのです。

1983年、22歳のときにアンディ・ウォーホルといろいろ共同制作しています。ウォーホルはシルクスクリーンでモンローとかいろいろやっているけれども、アバンギャルドなアートそのものはつくれないので、どうしてもバスキアの力が必要だったのでしょう。彼をかわいがっていました。

バスキアとウォーホルは年が30歳ぐらい離れています。ウォーホルが死んだ１年半後に、バスキアは後を追うように27歳で死んでしまいました。

【図１ー39】この絵もおもしろいです。死んでいるようだけど、肺も心臓もあって、私は生きているんだと言っている。子どもが描くような絵だけど、とんでもない、バスキアは命ぎりぎりを描けるアーティストなのです。

【図１ー40】黒の使い方が上手です。ここにいるのはバスキアで、これがアンディ・ウォーホルです。怪獣の目玉があって、口があって、ウォーホルは共同制作だとうそぶいているけれども、どう見ても１００％、バスキアの絵です。ウォーホルの影も形もない。

ウォーホルは人間性がいいみたいです。才能がない人は人がいいのです。私ももっと悪い人間にならないとダメですね。相手にされない。いい人だというのは毒にも薬にもならないということです。

心臓が止まりそうになったら、生き返らせるためにニトロの錠剤を飲むでしょう。人間も劇薬じゃないとダメです。大野一雄は劇薬のダンサーと言われています。

【図1-41】これはウォーホルのバックの色を変えた毛沢東の絵です。中学生でも描ける。

「タフでなければ生きていけない。優しくなければ生きている資格がない」これはレイモンド・チャンドラーの名言で、ハードボイルドの原点です。

ギュスターヴ・モロー

【図1-42】これはモローの絵で、幻想画が始まって、この辺から徐々にクラシックの頂点を過ぎてバロックに入っていきます。感覚で何でもありをどんどん追求していくわけです。愛があろうがなかろうが関係ない。見た瞬間、衝撃があればいいというアートの幕が開いていくわけです。

衝撃を受けると、一瞬、いいものに見えるような錯覚を起こす。それが怖いのです。ただし、愛がないと飽きてきます。長続きしない。

アルベルト・ジャコメッティ

【図１－43】（96Ｐ）これはジャコメッティです。彼も不幸な環境にいた男です。どんどんそぎ落として、針金のような人間。でも、死んではいない。愛がある。私は生きていると思います。

ジャン・コクトーとエディット・ピアフ

【図１－44】これはジャン・コクトーです。コクトーは素描画の天才です。白と青、色彩もきれいです。コクトーは愛にあふれた男です。コクトーはわけのからない素描画とかでまとまりがつかない部分もあるけれども、澁澤龍彦とは違う。

コクトーはエディット・ピアフといい仲だったのです。ピアフは天才だったけれども、心がいつも安定しない。ピアフは恋人のために「愛の讃歌」をつくったけれども、その彼が飛行機事故で死んでしまった。コクトーは、そんなピアフにいつも寄り添って励まして、ずっと支えたのです。ピアフが死んだ次の日、コクトーは死にました。ピアフの成功は、コクトーの愛がなければ花開かなかったと断言できます。ピアフは愛の引き潮だった。とにかく気丈な女で、普通の人とは合わない。コクトーが、ピアフを愛の満ち潮にしてあげたのです。

コクトーのアートは単純明快ですが、愛がある。2人の関係は、非常に研究に値すると思います。

ホアン・ミロ

【図1-45】これはホアン・ミロです。彼はシュール的なものに移る前は写実的なものを描いていたけれども、これは自分の田舎の光景をシュール的にまとめた絵です。これを描いた後、自分はこれで行くんだと言って、それまでの自分の作品を全部燃やしてしまって、ミロ独特の月とか星の絵に移っていったのです。その勇気がすばらしい。

マルク・シャガール

［図１－46］これはシャガールです。彼はユダヤ系ロシア人です。シャガールの絵はロマンチックで夢多いようですが、私は怖いと思う。決してロマンチックじゃない。なぜかというと、彼の故郷の村人たちはロシア軍に丸ごと虐殺されているのです。シャガールはそこからはい上がった絵描きで、彼のベースにそれがあるわけです。

この辺は、どれをとっても耽美主義に行く前の頂点です。この後、テクニックに走り過ぎて混迷の時代になっていくのです。

パブロ・ピカソ

［図１－47］ピカソは、最初からああいうサイケデリックなアートをやっていたわけじゃなくて、青の時代というのが長く続きました。

青というのは光の中で一番エネルギーが強いのです。プリズムで分光すると、エネルギーが強いから屈折率が大きいので青になります。エネルギーがないのが赤で、中間が黄色です。

オリオンの連中は赤で、フェラーリが赤で、ロンドンの2階建てバスが赤です。赤は強そうだけれども、青の民族に勝てないのです。

ピカソの生前は青の時代の作品はあまり評価されなかったけれども、今は高額です。

龍安寺の石庭は宇宙をあらわしている

龍安寺の石庭は、外国の人が絶賛するけれども、おまえら本当にわかっているのかと言いたい。大きな石が3つ。これはカバラに通じる。これは宇宙なのです。名前がすごい。龍の安らかな寺。ここに秘密があるのです。

宇宙のさまざまなエネルギーから、フィーリング、エモーション、パッションにするようなことが絶えず行われているわけです。それでアートがいろいろと花開いてきたのですが、今現在、混迷の時代に来ています。

最後に

極限状態に行ったときには、アーティストといえども１人の人間なわけです。自分を支えてくれた人間がいなくなれば遺作を描いて自殺するとか、極限の状態のときにどういうものを描くかというところで、いろいろひともといてきました。

今日は耽美主義にはあまり触れなかったのですが、実は耽美主義が一番危険なアートの潮流ではないかと思います。なぜかというと、善も、悪も、裏切りも、喜びも、美化してしまえば耽美主義にできるのです。

ニーチェは20世紀最大の哲学者と言われています。確かにすばらしい論説展開もニーチェはたくさん残しています。しかし、非常に危険な思索家でもあったわけです。なぜかというと、善悪の彼岸という概念を定着させようとしたからです。善も悪も、はるか彼方に行って彼岸になれば一緒だ。だから、連続殺人犯の大久保清などの死刑囚が死刑前日までニーチェの本を読んで、自分の精神状態を肯定しようとしたわけです。

確かに神の領域から見れば善も悪も全て含んでいるかもしれない。無駄なものは何ひとつないかもしれない。しかし、我々は次元上昇の中で絶えず進化しているわけです。オギャーと生まれてきたときは、おなかが減ったら泣くとか本能のままに生きる。そして徐々に、こういうことをやると人に迷惑がかかるんじゃないか、こういうことをやれば人が喜ぶんじゃないかということに目覚めてくると、脳の波長がだんだん細かくなるわけです。神の領域は無限大に細かいのです。

だから、粗い波長の精神状態で生まれてきた人間が、生きている間にどれだけ波長を細かくして神の領域まで近づけて命をお返しするかが、生きる目的なのではないかと考えたこともあります。

私は1人のアーティストに過ぎません。本来であれば、今回の3回連続のセミナーは美術評論家がやるべき仕事なのです。しかし、彼らに任せていたのでは、200年、300年かかるかもしれない。

これまで渾身のつき合いをしてきた美術評論家にセミナーの案内状を出しても、何の連絡もないのです。評論家の方は、どうも波風を立てるのを嫌っているような気がします。無難なほうがいい。しかし、これからの時代は、それどころではないです。誰に何と言われようと本質に向かって進んでいかなければいけない。しかし、これは私１人ではできません。皆さんと一緒にやらなければダメなのです。１人の覚醒が３００人に影響を及ぼします。それを何十回も続けると、地球の全人口に達するのです。

１人だけ変えても、しょせん水の泡で何にもならないだろうと思っているのだったら、とんでもない話です。大きく変化していきます。

現に、究極までナチュラルにつくった私のイチゴジャムも、誰も買わないんじゃないかと思ったら、ここ2、３カ月で東武百貨店と契約することになり、来月は福田屋百貨店で試食会をやり、その後、契約する予定です。ヒカルランドの通販は真っ先に取り上げてくれました。ふるさと納税の返礼品になる契約も、きのう決まりました。

これからの時代は、今まで食べたことのないような、食べ物として一番おいしいジャムという理念が受け入れられつつあるのかなと感じています。これが利益を生んだら、活動資金に回したいと思っています。

だから、いつまでも海外のメイソン、イルミナティの手で動く文化ではなく、日本人として世界に文化を発信していかなければいけないのです。

長堀優先生のお話

皆さん、こんにちは。横浜から来ました長堀といいます。今、病院の院長をしています。もともとは外科医ですが、今は日本の高齢化に対応するために高齢者医療に特化しています。

日本人はこれまで死についてあまり考えてこなかった。ただ、さっき先生がおっしゃったように、追い込まれる体験を日本人全体としてしているのです。それは東日本大震災です。私も原発の爆発のときに一瞬、死が頭をよぎりました。これは日本人は長くないんじゃないか。

死が見えると、じゃ、何のために生きているのかというところに入っていくのです。そういった根源的な内面的な問いかけに深く感応していくのが、実はアーティストじゃないかなと思います。

アートと科学と宗教あるいは哲学は、３本柱で人間の社会を支えていく。科学も大事、哲学も大事ですが、アートで言うと、黒澤明さんは「夢」という映画で原発の爆発を約20年前に予言しています。

そのときは何の映画かわからないと言われたのですが、今思うと、あれはどうしたらいいかと今の日本人に問いかけている映画なのです。そして、アートとして美しい作品だから、今に残っている。あの映画には、プルトニウム、セシウム、ストロンチウムが出てきて、すごく怖い映画です。

ただ、その後に２つの未来を描いています。核爆発で滅んでいく地球と、自然と親しんでみんなで調和して愛を感じながら生きていく、全く違う２つの未来が描かれています。彗星探索家の木内鶴彦さんも、未来は２つあると言っています。

今、危機に瀕している私たちが、どっちを選ぶか、それは愛にかかっているのです。自分の行動が愛に根差した生き方を目指すのか、そうじゃなくて、相変わらずカネ、モノ、名誉、地位、そういったものにこだわって奪い合い続けるのか、それが問われています。

それを変えていくのは政治家ではありません。私たち１人１人の意識です。その集合意識が変わっていけば社会は変わっていくと思います。

そうした中で、今の篠﨑先生のお話は、非常に大きな示唆が含まれていたのではないかと感じています。

図１－１

図１－２

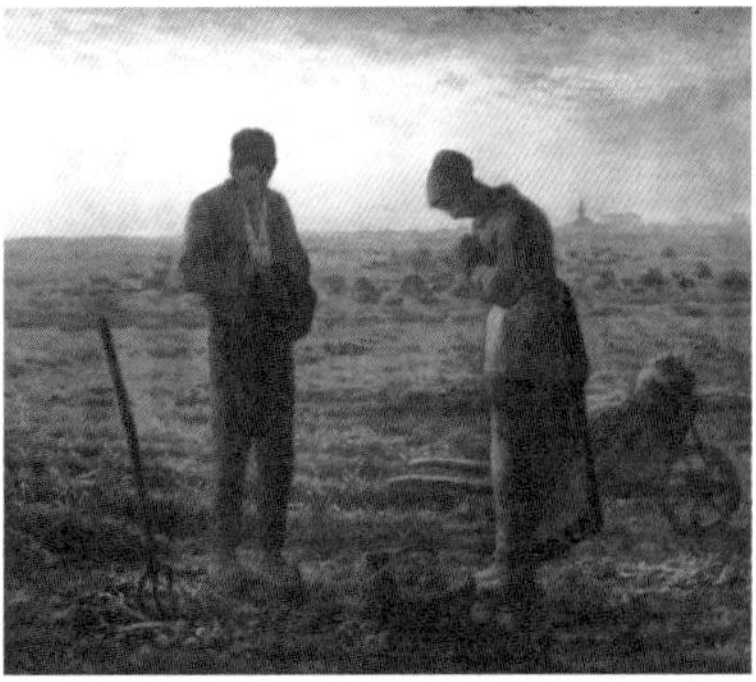

図１－３

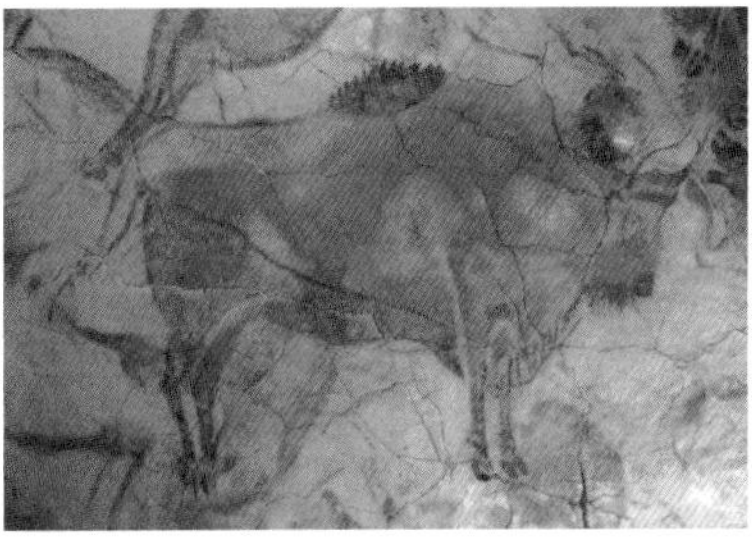

図１－４

図１－５

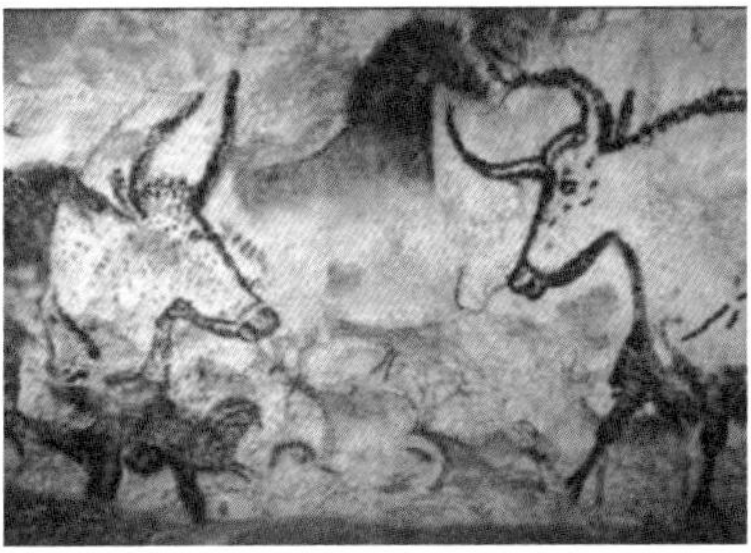

図１－６

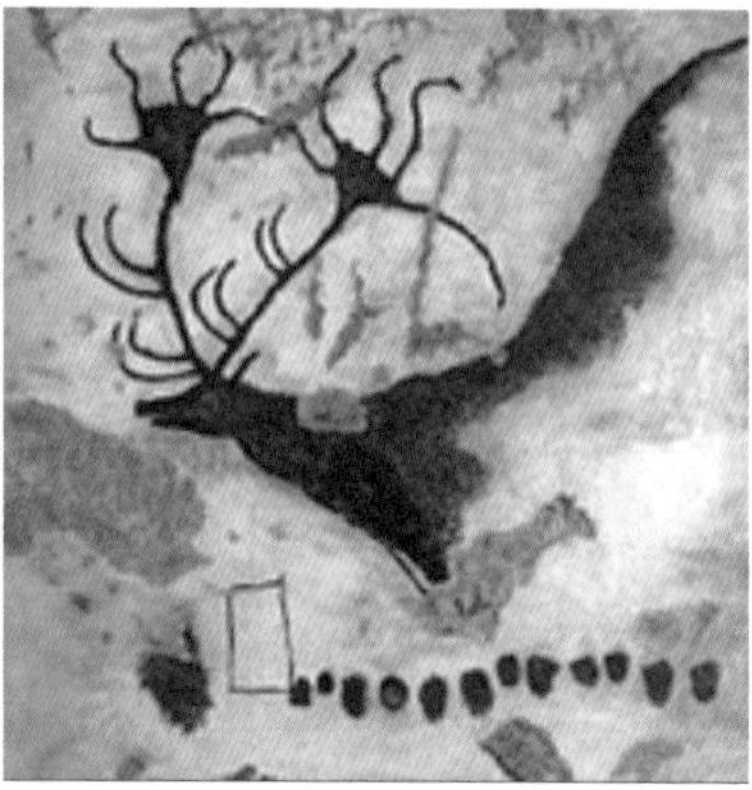

図１－７

図１－８

図１－９

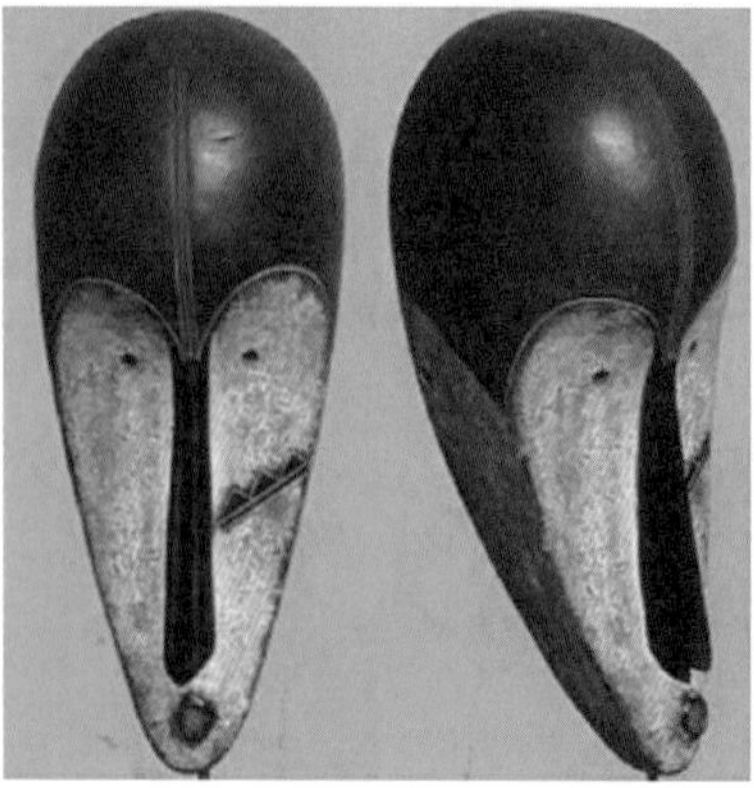

図１－10

図１－11

図１－12

図１－13

図１－14

図１－15

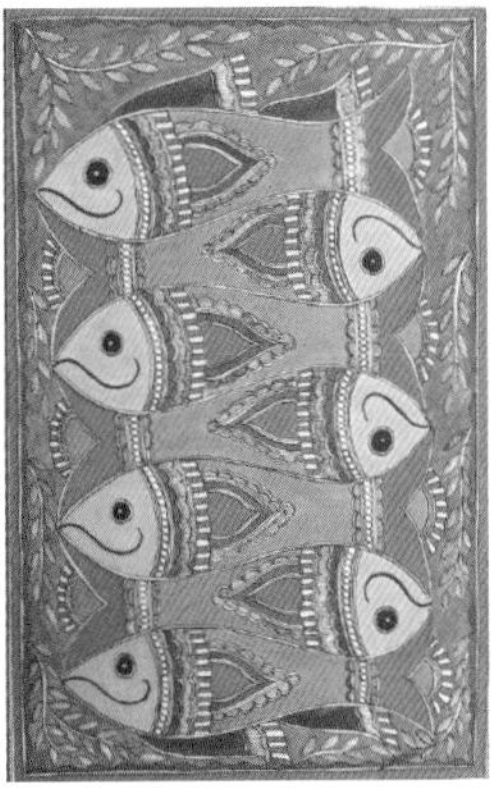

図１－16

図１－17

図１－18

図１－19

図１－20

図１－21

図１－22

図１－23

図１－24

図１－25

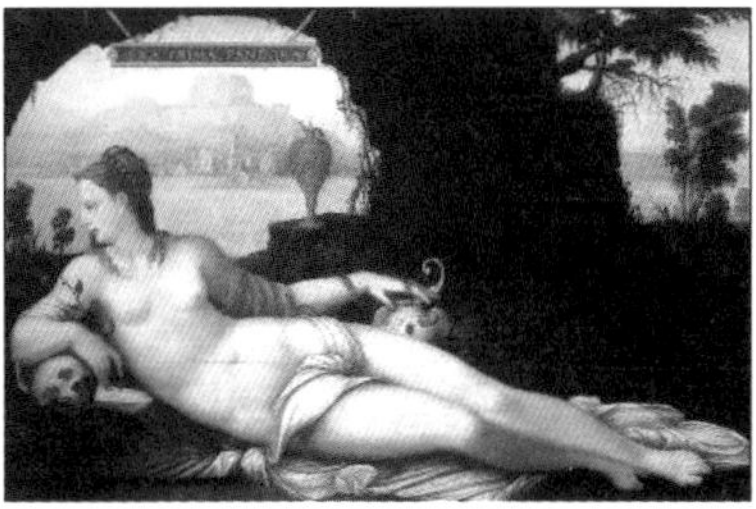

図１－26

図１－27

図１－28

図１－29

図１－30

図１－31

図１－32

図１－33

図１－34

図１－35

図１－36

図１－40

図１－37

図１－41

図１－38

図１－42

図１－39

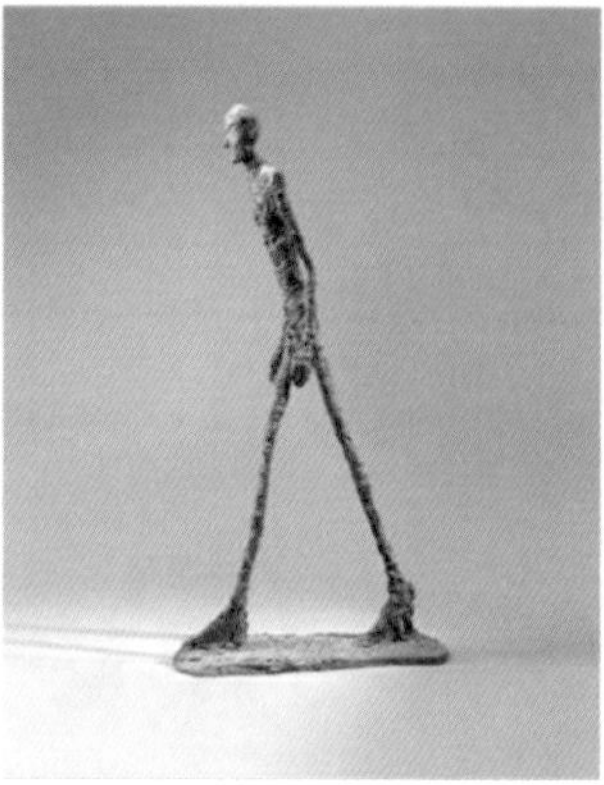

図１－43

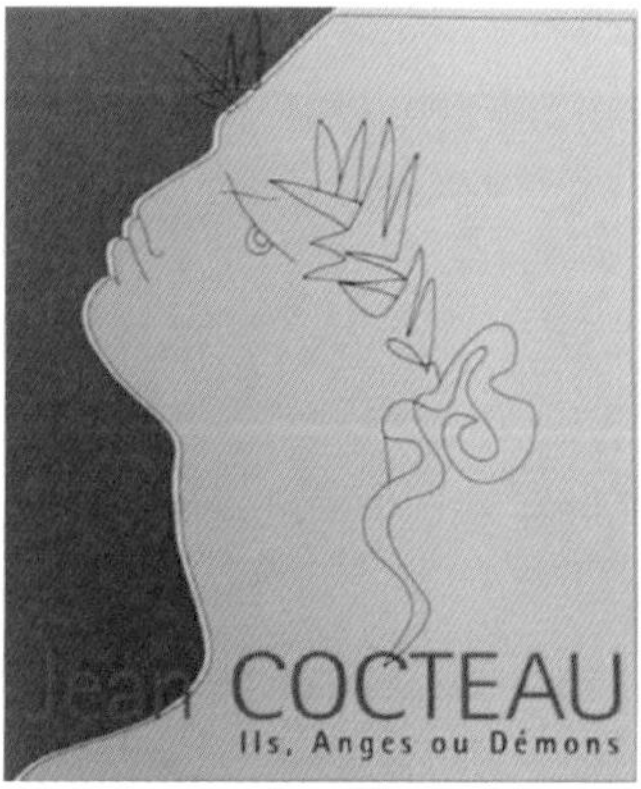

図１－44

図１－45

図１－46

図１－47

第2章

祈り→写実→抽象のこの世のテーマ

はじめに

カバラは、西洋人ではなくて日本人がつくったものです。講演会のために集中して準備をしたら、日本人がつくったことに間違いないという証拠がたくさん出てきました。カバラは日本人の祖先のシリウスの直系がつくった。これは世界文化革命になるぐらいの重大なデータで、これが表に出ると大変なことになります。私はそういうことを意識して、ずっと活動してきました。

15年前に、この世に命を呼び戻すアートにたどり着きました。岡本太郎の命を呼び戻した作品は、パートナーの岡本敏子さんのために描いたのです。パーティー会場で岡本敏子さんに「いつ太郎さんに会えるんですか」と聞かれたのですが、やっとできて連絡したときには敏子さんは亡くなってしまっていました。よくよく聞いたら、ちょうどこのアートが完成した夜にお風呂場で亡くなったのです。

今日は、大変な先生がゲストとしてお見えになっています。医学界の天皇と言われていて、新宿の国際医療センターをおつくりになった高久史麿先生です。それだけじゃなく、世界の発展途上国にＯＤＡで医師を派遣する制度、日本の無医村地区に医者を派遣する自治医大の制度もつくられました。

今日は、区切りのいいところで高久先生にコメントをいただきたいと思いますが、そこまで私が独断と偏見で進めさせていただきます。

長堀先生、高久先生、大変なお医者さんがいる中で医学関係の話はちょっと言いづらいのですが、制約してしまうと私の独断の見解を言えなくなってしまうので、気になさらないで、ひとつよろしくお願いします。誹謗中傷は決して言わないようになるべく努力します。（笑）

21世紀は、脳の時代、心の時代、魂の時代、精神の時代

21世紀は、脳の時代、心の時代、魂の時代、精神の時代と言われています。これはどういうことか。

今後、ＩＴがどんどん発展して、人工知能、ロボットが発展して、いずれは人間を凌駕するんじゃないかというようなＳＦ映画がハリウッドで何度もつくられ

ていますが、実はロボットには絶対に追いつけないものを人間は持っているのです。

どういうことかというと、霊的なものはロボットではコントロールできない。今までのデータをインプットして、その演算で予測は立てられるけれども、とんでもない発想、インスピレーション、愛は、メカニズムでは生み出せないのです。

世界には約7000の言語がありますが、漢字、平仮名、片仮名、ローマ字と、4つの文字を使い分ける言語体系を持っているのは、シリウス直系の日本語だけなのです。それから、1億人の人たちが、同種の民族で、同じ言語を使っている国もありません。

日本人は、第二次世界大戦後、先進国から圧力をかけられて、さげすまれた民族のように見えますけれども、実は選ばれた民なのです。言語も違う。意識も違う。

私、20年ぐらい前に、キム・スーという韓国最高の絵描きの家に何度も出入りして仲よくなったのですが、彼は「将来、篠﨑さんは世界を凌駕するから頑張れ」と言ってくれました。彼は、次の年に、エルミタージュとプーシキンで1カ月ずつ長期個展をやりました。これは生きている画家で４人目です。ほかにはピカソとかシャガールだけです。

そういう先生が私を非常に好んでくれて、政府の要人のパーティーで、「日本人を本気で怒らせるな」と言っていたのを、私は２度、３度、聞いたことがあります。世界の民族はそういうふうに日本人を判断しているのです。一見おとなしそうで、愛情豊かで、言いたいことも言わないような民族のように思えるけれども、実は日本人は全く違う。

漢字には必ず意味があるのです。例えば、「脳」という字は月偏です。脳は月のエネルギーで動くのです。ウミガメは満月の夜に産卵します。女性の生理も月の満ち欠けに左右されます。

それから、脳は、月偏の右側は「ツ」の下に「凶」と書きますが、四角が頭蓋骨をあらわしているのではないかと私は思うのです。ということは、心の秘密がここに隠されている。

心の作用に宇宙からエネルギーが１本降りると、「必」という字になります。

これはどういうことか。素人の雑学者の見解でまことに申しわけないですが、宇宙には宇宙定数というのがあるのです。素粒子の間の引力、重力、酸素の濃度、それから水が100度で沸騰するとか、マイナス273度が絶対零度であるとか、さまざまな物質の定数があるわけです。それがピーッと縦に並んだときに、初めて人間が生きられるのです。ちょっとでもずれると人間は生きられないようにできている。これは宇宙定数の原理なのです。ここまではわかっていました。

ここ20～30年の素粒子研究の結果、宇宙定数が絶えず変化していることがわかってきたのです。いつも100度で沸騰するわけではなくて、99・8度で沸騰することもあるし、100・2度で沸騰する場合もある。ある宇宙定数が変化すると、その瞬間に、それを補うように、ほかの宇宙定数が変化するのです。それで我々の命が支えられているということが判明してきました。

ということはどういうことか。陰謀論じみた言い方をして申しわけないけれども、宇宙そのものが命を育むための1つの巨大な生命体であるということです。だから、心に宇宙のエネルギーを加えると必然になるのです。

陽子があって、中性子になる場合があるわけです。アップ・アップ・ダウンクォークが陽子です。アップクォークというのはプラス3分の2の電荷を持っています。3分の2＋3分の2－3分の1でプラス1になります。そうすることによってマイナス1の電子が回れるのです。例えば、プラス10になる陽子だったら10個の電子が回れる。

アップ・ダウン・ダウンクオーク、3分の2－3分の1－3分の1が中性子です。3分の2から3分の1を引いて3分の1を引いたらゼロになります。ゼロの電荷になったら、引き合う力がなくなるから、電子はいられない。そのとき、陽子が中性子になる瞬間に、電子がパーッと宇宙に飛び出すのです。

電子というのは、2分の1、2分の3、半整数で回っているエネルギーになるのです。光になる。光というのは、1、2の整数で回っています。そのとき、エネルギーの余分なものが、小柴さんがスーパーカミオカンデで発見したように、アルファ線、ガンマ線、ニュートリノに分派されます。

ある日突然、陽子が中性子になって光が飛び出す。これがファインマンの言っていることです。ファインマン方程式で彼はノーベル賞を取ったわけです。では、どういうときに陽子が中性子になるのか。中性子がどういうときに陽子に変換するのか。我々の脳の中から肉体、全ての宇宙の物質に、絶えず膨大なる変化が訪れているのです。これが何としてもわからないので、学者は偶然と言っていますが、宇宙定数の変化を見ればわかるように、命を生かすために、これは必然なのです。偶然ではない。命を生かすために、そのことが脳というところ、心に出てくるのです。

魂と心は違う

「魂」という漢字にも秘密があるのです。魂と心は違います。こんなことを考えた人はいないと思います。私が命にかかわるアートをずっとやってきてわかったことは、人間が生きている間は魂と魄が仲よくくっついているけれども、死ぬと、別れ別れになるということです。死ぬと、魂はスーッと宇宙に昇っていってしまいます。天《あめ》のエリアを越えて残るので、魂というのです。そして、肉体は死ぬと白い白骨死体になります。魄《はく》の白は骨の色です。

人間の肉体と魂というのは、実はハードウェアなのです。そこに出入りして通過するのが心です。心は宇宙とつながる1つの波動があるわけです。心は宇宙のデータベースであるアカシックレコードからスーッと松果体に入って、人間の脳を覚醒させると言われているのですが、心が魂を出入りしているわけです。

宇宙のビッグバンの前にカバラの設計図があった

１３７億年前にビッグバンが起きて、11次元の宇宙ができました。25年前にウィッテンという学者が宇宙は11次元でできていると発表したけれども、彼はいまだにノーベル賞をもらっていません。ノーベル委員会が理解できないからです。でも、日本には十一面観音という最高神がいて、11がちゃんと刻印されていま す。日本人は、宇宙の仕組みを知っていたのです。でも、11にプラス１しないと月にはなりません。年に12回、満月があります。宇宙のビッグバンの前にカバラの設計図があったので、11のセフィロトのカバラになっていると、おととし（２０１８年）、夢に見たのです。その前に魂が行ってしまったわけです。

ビッグバンが起きる前の暗黒の世界に、11のセフィロトのカバラがあるのです。

天使が書物を持って行ったり来たりして、データをこの世に送り込んで宇宙を11

次元にしたわけです。

地球に生命を育むために月がある

ＮＡＳＡが隠していることがあります。地球ができたのは46億年前ですが、月の岩石の年代はそれよりずっと古いのです。つまり、月が地球の周りをグルグル回らなければ、地球に生命が生まれない。ということは、月は人工天体なのです。

４００、４００の秘数で月はできています。地球から月の距離の４００倍のところに太陽があって、太陽の直径の４００分の１が月の直径です。日食のときに月がすっぽりはまるようになっている。スーパーコンピューターでつくられたように、地球に生命を育むために月があるのです。

月の説話を持っているのは、私が知っている範囲内では、日本しかないのです。かぐや姫は月から訪れるお姫様です。もう１つあります。「月光仮面」。（笑）月光仮面は月よりの使者です。

一方、アメリカでつくられたスーパーヒーローがスーパーマンです。スーパーマンの出どころはクリプトン星です。電球の中のフィラメントが燃えないように入れるのがクリプトンガスです。クリプトンガスは青白く光ります。カバラでは青がセフィロトで、日本なのです。スーパーマンのマークは、青のバックに赤のSです。ということは、日本人が世界一の民族なのを知っているということです。

その後にできたのが、円谷プロでやった「ウルトラマン」です。ウルトラマンは、銀河系から300億光年離れたM78星雲からやってきました。

今、コンピューターはゼロか1のドットで動いています。でも、素粒子はゼロか1じゃなくて、ゼロでもあって1でもあるということがわかってきたのです。これが量子コンピューターで、理論上、一瞬で演算できる能力がある。

つまり、コンピューターがやっと心につながってきたのです。宇宙定数を一瞬で補正するということは、地球だけではなくて、生命体がある銀河系全てを宇宙そのものが守っているのです。瞬間で波動が伝わる。これが実は心の正体なのです。

精神というのは、米と日本人の神様という意味だ

精神の「精」は、米に青と書きます。だから日本人は米を主食にするのです。青は、光のスペクトルで波長が一番短くて、エネルギーが一番強い。皆さん、焚き火をしたことがあると思います。最初に火をつけたときは赤い炎ですが、だんだん温度が上がってくると青白くなります。それ以上になると白くなって、さらに温度が上がると無色透明になります。

精神というのは、米と日本人の神様という意味です。この辺からカバラにも通じてきます。

12～13世紀ごろに世界的に食糧革命が起きて、大量に食物をつくって食べられるようになりました。それまでは多産多死の時代で、子どもをたくさんつくるけれども、たくさん死ぬので、世界の人口が保たれていました。ただし、食糧革命と医療の発達によって多産少死になって、世界の人口が一気に爆発的にふえたわけです。

今の人口は産業革命の前の10倍です。このまま行くと世界が滅びるという危機感もあります。私はガス会社をやっているのですが、80、90のひとり暮らしの女性が「明日どうなるかわからない時代になったね」と普通に言う時代に入ったわけです。

大量生産・大量消費の時代は、もう限界なのです。モノとカネではもう幸せになれないということに、みんな覚醒してきた。21世紀は完全に精神の時代に入ります。

精神の時代の次は何かを予測するのが、我々アーティストの宿命です。これからは霊的な時代に入るということで、私は「REISM」というところにたどり着いて、研究してきました。

命の限界を超えるアート

私は子どものころからアートをやっていたのですが、命の限界を超えるアートとは何か、どうしてもわからなかった。私は今でも田園風景のところに住んでいるのですが、30年前に、あと10分もすれば日没になるころ、夕焼けで真っ赤になった田んぼで竹竿の先にカラスがぶら下がっているのを見たのです。そのカラスは人間によって殺されて、お米が育つように犠牲になっているわけです。黒いカラスですが、夕焼けのせいで真っ赤なカラスに見えました。このカラスがけなげで、これが日本人の精神のように見えて、私は版画をつくりました。月のエネルギーで新しい生命を生み出すために自分が犠牲になっている。

この絵が原点で、冬虫夏草シリーズとか、最終的に命を呼び戻すというところにつながっていったわけです。

今は体育の先生をやっている高校時代の私の親友に、篠﨑はアートをいろいろやっているらしいから見せてくれと言われて見せたら、すごく褒めてくれたので、私は記念に1枚プレゼントしたのです。国展に入選した作品です。私は10年以上、世界中のどこの展覧会でも、出せば入選するのです。

彼はこの絵を玄関に飾っていたのですが、「娘に気持ち悪いから処分してと言われたので、篠﨑のところに返すのが筋だと思って持ってきた」と言って、返しに来たのです。俺はケンカしようと思った。非常に失礼です。

私のアートは、一歩間違うと親友と絶交になる可能性があるリスクのあるアートなのです。（笑）人を選ぶアートなのかなと思いました。だから、今日いらっしゃった方はとにかく大事にしようと思って、体調を整えて参りました。（笑）

一版多色刷りの版画

おととし（２０１８年）、ニューヨークで版画展をニューヨーク版画協会会長主催でやるからと下田幸知《さち》さんが言うので、版画を１枚送りました。一版多色刷りの版画をやったのは世界で私しかいないのです。江戸時代の木版画は、12色使えば12の版下をつくって重ね刷りします。リトグラフはミクロン単位で版をつくるのですが、あれも重ね刷りですし、シルクスクリーンも重ね刷りで、版画というのは色別に版をつくって重ね刷りします。

私の場合は、１つの版にさまざまな色を塗って紙を載せて、ワンプレス。一発勝負で、どんな色が出るかはやってみなければわからないのですが、だんだんわかってきました。

そういう版画なのでニューヨークで非常に騒ぎになったのですが、私が無名の作家なので拾い上げないわけです。

先月の講演会の後でオークションのチーフの笑《えみ》さんに本物のアートを見たかったと言われたので、今日は僕の作品をクルマで持ってきて飾りつけしました。

日本人は世界を救える唯一の民族

命ぎりぎりのＲＥＩＳＭのアートに到達するには、精神性を高めて、激情の状態で作家が命をかけたときに、歴史上、名画が生まれているのです。どういう精神状態でどういう名画が生まれたかを方程式的に、今からひもといてみたいと思います。

実は今の時代は、普通の人がジェネラリスト（雑学者）になれるのです。１つの分野のスペシャリストの方は、その道に関しては世界的なノウハウがあるけれども、ほかには割と知識がない場合が多い。でも、今はインターネットのおかげであらゆる情報を検索できて、雑学者になれます。

だから、これから世界を変えるために、世界的な人を交えて一般庶民に覚醒を促す時代に来たのです。人はどうあるべきか。そのリーダーシップをとれるのは日本人なのです。

激情というのは激しい情けと書きますが、「情け」という漢字にも青が入っています。これから日本人の役目は大変になります。

イスラエルに死海（デッド・シー）と呼ばれる細長い湖がありますが、塩分濃度が海水の10倍もあるので、プカプカ浮いて新聞が読めます。その横に細長く深い洞窟があって、約70年前に、その奥でコールタールで封印したカメの中からパピルスに書かれた「死海文書」というものが発見されました。「死海文書」は、「旧約聖書」の前に書かれた書物です。

それを解読したところ、驚くべき日本人の秘密が書いてあったのです。でも、世界、特に西洋人はそれを封印してしまいました。「死海文書」にはどういうことが書かれていたのでしょうか。

将来、人類がこのまま発展を続けても、いずれ滅びる危機を迎える。そのときには、海を隔てた東の日の出ずる国の民が海を渡って救済の民族として訪れるだろう、ということが書いてあるのです。これがキリスト教の東方の三賢人とかに封印されているわけです。

カバラの講演会のときにもいろいろお伝えしたのですが、大事なことなのでお話しします。

日本人が世界を救える唯一の民族だということを世界は知っているのです。それで日本人が立ち上がれないようにしたのが第二次世界大戦です。ジョン・レノンは、第二次世界大戦は日本の正義を守るための戦いだったと、はっきり言っています。

ジョン・レノンとオノ・ヨーコ

1969年にオノ・ヨーコとジョン・レノンは結婚しましたが、2年後の71年にオノ・ヨーコはビートルズを解散させてしまいました。でも、ジョン・レノンは71年に「イマジン」という傑作を残しました。あれはほとんどオノ・ヨーコがつくった曲だと認められたことを、2017年に世界のメディアが一斉に報じました。オノ・ヨーコは、ジョン・レノンに精神性の高さを吹き込んだわけです。ビートルズはオノ・ヨーコにすっかり乗っ取られてしまって、なるようになれ、どうしようかというときに、ポール・マッカートニーの亡くなったお母さんが夜に枕元に立って、詞とメロディーを全部教えてくれてできたのが「レット・イット・ビー」です。あれは日本の禅につながるような曲です。

実はビートルズは、オノ・ヨーコによって「レット・イット・ビー」と「イマジン」という名曲を残したわけです。ジョン・レノンは「イマジン」が世に出たときに、イギリスのＢＢＣに「あの曲は多くがオノ・ヨーコからのもの」と言っています。「イマジン」をユーチューブで見てください。朝霧の林の中の小径を２人が手をつないで歩いていって白亜の豪邸に入って、ジョン・レノンがピアノを弾いているのをオノ・ヨーコが横で見ているというプロモーションビデオが流れます。

「イマジン」は反戦歌の象徴とされて、それが原因でジョン・レノンはニューヨークで暗殺されてしまいました。

オノ・ヨーコは、お父さんは日本興業銀行頭取の子ども、お母さんは安田財閥の創始者の孫という大変な家系の人なのです。さいたま新都心駅にあるさいたまスーパーアリーナ内に、2010年までジョン・レノン・ミュージアムがありました。

白人が物質文明を築いてきましたが、精神文明をいずれ出そうということが紀元前の「死海文書」に書かれていたわけです。今、その時期が来たのです。だから、日本人が覚醒しなくてはいけない。日本人が覚醒しないと、世界は滅びる可能性があるということです。

愛の満ち潮の画家　ヒエロニムス・ボッシュ

近代絵画をひもとく上で重要な3人のアーティストがいます。

【図2－1】（171P）2人がルネサンスの時代に生きた人間で、そのうちの1人がヒエロニムス・ボッシュです。ボッシュは、卵の殻の中に人が暮らしているとか、はるか彼方に炎が燃えていて焼き討ちに遭っている光景とか、陰謀論的なものが克明にいろいろ描いてある不思議な絵をずっと描き続けました。実は、これがメディチ家の悩みの種だったのです。

同時期に、「プリマヴェーラ」とか「ヴィーナスの誕生」を描いたボッティチェリがいます。彼にもメディチ家がパトロンになってカネを出してあげました。

でも、ボッシュはカネを一切必要としなかったのです。なぜかというと、彼はお父さん、おじさんがアーティストでお金持ちで名家の生まれで、子どものときからアートの技法をいっぱい教わりました。それに加えて、遊び暮らしても使い切れないぐらいの持参金と見渡す限りの土地を持ったお嫁さんをもらって、さらに名家になったことによって、その地域の宗教団体の幹部になり、信者から仕事の発注がたくさんあったのです。

名画を生み出すアーティストには両極端の部分が必要なのです。海の波にたとえれば、１つは、愛の満ち潮でいっぱい愛情を受けた人。もう１つは、愛の引き潮の人。１歳か２歳でお母さんが自殺してしまったとか、極端な不幸のどん底の人。このどっちかの人が名画を描くのです。

愛の満ち潮の典型的な絵描きがボッシュです。

【図２－２】これもボッシュの絵です。ボッシュの絵は、細かく見ると、人が焼き討ちに遭っていたり、財閥の人たちがいい暮らしをしている横で貧民層の人たちが殺し合いをしているというようなアートです。

愛の引き潮の画家ゴヤ

フランス革命の後あたりに、スペインのゴヤという絵描きがいました。ゴヤは、重要な絵描きです。ゴヤは宮廷のお抱え絵師でしたが、46歳のときに黄熱病で耳が聞こえなくなってしまってから、彼の腕がさえ渡ったのです。もう破れかぶれ、好き勝手な絵を描こうということです。

［図2－3］ この絵（「魔女の集会」）は、牛の角に葉っぱがついています。アーリア人は、牛を神聖視していました。ヒトラーは、アーリア人は卓越した民族だという思想を持っていました。

スペインの巨匠のゴヤの絵には、実に深い意味があるのです。

［図2－4］ これは、巨人が人を食べているところを描いたゴヤの絵です。

［図2－5］ これもゴヤの絵で、町の上を巨人が歩いています。

ゴヤは、耳が聞こえなくなって、世間から誰も相手にされなくなって、宮廷画家もクビになりました。愛の喪失です。それによってゴヤは傑作を次々に残せたわけです。

人間の心は、平々凡々と中間層でいっているときにはリバウンドが生じないのです。たくさんの愛に満たされるか、愛を全て奪われるかによって、覚醒する。神が助けるような現象が起きるのです。

実はゴヤが原型となって、シュールレアリスムが花開いたのです。

【図２−６】ゴヤは、晩年に傑作を残しました。それが「着衣のマハ」です。

【図２−７】（１７２P）これは「裸のマハ」です。

実は「裸のマハ」を最初に描いたのです。ゴヤの耳が聞こえなくなってから、その当時のスペインの首相が自分の愛人のマハの肖像画を描いてくれとゴヤに頼んだわけです。

ゴヤは結構女好きで、70歳ぐらいのときに40歳年下のお手伝いさんと同棲していたり、耳が聞こえなくなる前には、自分の絵の師匠の妹と結婚して、間もなく離婚してしまったり、性格的にかなり厳しい人だった可能性があります。だから、ゴヤはことごとく愛を失っていったわけです。

だから、これは私の持論ですが、マハにも手をつけたと思います。「裸のマハ」ができ上がるころに、師匠に「来月、どこまでできたか見せて」と言われて、これはまずいということで、慌てて「着衣のマハ」を描いたわけです。

【図2-8】これが「迷宮」という絵です。このころ、世界を混乱に陥れようという西洋の動きがあって、大量虐殺しても、あなたは運が悪かったのねで通そうとして、タロットカードとか、カバラとか、数秘術とかで、迷宮のラビリンス思想を浸透させたわけです。

アンリ・ルソー

でも、そういうのに全く関係なく生きた絵描きがいました。それが日曜画家と言われていたアンリ・ルソーです。彼は五十幾つまで税理官をやっていて、その退職金と年金で悠々自適だったので本格的に絵を描き始めて、夢をテーマに次々と傑作を残しました。ルソーは、みんなから非常に愛されて愛がふんだんにあるし、生活費も十分あったので夢が花開いた典型です。

【図2－9】ルソーは、ボッシュにつながるような心の豊かさがある絵描きです。彼を素朴派と読んでいるけれども、素朴ではなくて、一番アバンギャルド（前衛）です。

【図2－10】この絵は「夢」というタイトルで、ジャングルの中に女性が横たわっていて、その横でライオンが見ているという不思議な絵です。

ニキ・ド・サンファル

【図2－11・12】ニキ・ド・サンファルという女性画家がいます。草間彌生は完璧に彼女に影響を受けています。でも、ニキ・ド・サンファルは、草間彌生とは生い立ちが根本的に違います。

ニキ・ド・サンファルは、大富豪の貴族の娘で、何ひとつ不自由ないけれども、親はいつも忙しくて子どもをほったらかしにして、あげくの果てに子どものときに父親から性的暴行を受けています。それで歯車が決定的に狂ってしまったけれども、爆発的な愛の表現の作品を大量に残すきっかけにもなったのです。だから、父親から暴行を受けなかったら、ニキ・ド・サンファルは花開かなかった。完璧に愛を全て奪われたから花開いたわけで、ニキ・ド・サンファルは、愛の喪失の決定的な巨匠です。

【図2−13】(173P)これが有名な射撃アートです。射撃をバンバンやって色をつけた絵を公開して、30万人ぐらい人を呼びました。

ニキ・ド・サンファルは、女優顔負けの絶世の美女です。おまけに大富豪の貴族の娘ですから、そのまま行ったら彼女の爆発的なアートは絶対に花開かなかった。

だから、愛をふんだんに受けるか、決定的に愛を全て奪われることによって名作ができるということです。

まともじゃダメなのです。

村山槐多

村山槐多《かいた》は、誰と まって、放浪生活のあげくの果てに、肺結核で22歳で死んでしまいました。

【図２-14】この絵のタイトルは「火だるま」です。 分が で、おしっこをして火だるまになって燃えている光景を描いた、有名な絵 村山槐多は世間から全てに相手にされなくて、最後は結核で死んでしまった。これは決定的に愛の喪失です。すると、歴史に残る名画ができるのです。これはただごとじゃないアートです。

アバカノヴィッチ

ポーランドでの大量虐殺をあらわした、首のない人体のオブジェで有名な「アバカノヴィッチ展」が開かれましたが、私はこれは大反対でした。アバカノヴィッチは世界的な巨匠になったけれども、ここに来て、全く相手にされていません。

人体の不思議展

本当の人体をホルマリン漬けにした「人体の不思議展」というのが各地の博物館で開かれましたが、これもやり過ぎだと思います。

「デスノート」

日本人は極めて想像力が豊かなので、20世紀後半から、アニメーターたちが生と死のはざまのアートにどんどん走ったわけです。

「デスノート」という漫画が出たときは話題を呼びましたが、2回目、3回目から、お客さんが一向に入らなくなってしまいました。悪魔の手帳を手に入れて、そこに殺したいやつの名前を書くと、ノートに書いた人が次々と死ぬという話です。

「Tokyo Ghoul 東京喰種」

「Tokyo Ghoul 東京喰種」という映画が公開されました。喰種（グール）という食性が人肉のみの肉食亜人種が存在する世界を描いた映画です。これも初回のときには大反響を呼びましたが、2回目は、全く観客が入りません。

私は2作とも宇都宮の映画館に見に行ったのですが、おもしろい光景を目にしました。20分もたたないうちに、人を食べる光景を見たくないというので、20歳ぐらいの女の子が次々に帰ってしまうのです。ここで救われました。今の若い人たちは物事がちゃんとわかっている。衝撃的ならいいということではないのです。この映画は、愛の引き潮でも満ち潮でもない。

日本人に脈々と流れている殺しの美学「必殺仕事人」『ゴルゴ13』『ブラック・ジャック』

人を殺すことに快感を覚えるテレビドラマシリーズが日本にはあります。「必殺仕事人」です。今でも衛星放送で毎日やっています。あれも人を殺しますが、その裏には理由がある。愛があるわけです。

『ゴルゴ13』という漫画もあります。ゴルゴは、私が10代のころから年をとらないのです。『ゴルゴ13』は、いまだに若い人が読んでいます。どこに魅力があるのか。主人公は殺し屋です。でも、裏には愛があるわけです。クライアントが死んでしまっても依頼は必ず遂行するし、お金がない子どもが貯金箱を割った千何百円でも依頼を受けるわけです。

手塚治虫の『ブラック・ジャック』も同じです。相手にカネがなくても手術してあげる。

日本には、殺すことの美学があります。例えば、赤穂浪士は主君の仇討ちのために吉良上野介を殺します。今でも年末になると、どこかのテレビ局で必ずやっています。

日本人には、殺しの美学が脈々と流れているのです。それを裏で支えているのは愛です。愛がある殺しはシリーズ化する。

しかし、「デスノート」とか「Ｔｏｋｙｏ　Ｇｈｏｕｌ」には愛がないので、消えてなくなります。根本的に違う文化です。

高久史麿先生のご挨拶

今日は篠崎さんにお招きいただきまして、この会に出てまいりました。

私は篠崎さんとテニスをやったことがあるんですけれども、もともとは卓球をやっていまして、宇都宮にいるときは毎朝ジョギングをやっていました。それから東京へ戻ってきてジョギングをやりましたら、クルマにぶつかりそうになったり、下がかたくて、もうやめようと思ったんですが、たまたま本を読んでいましたら、ジョギングをやっている人は顔をしかめてやっている、テニスをやっている人は笑いながらやっていると書いていたので、テニスを始めたわけです。だけど、あまり笑いながらやってはいないです。真剣にやっても、高齢初心者だったものですから、篠﨑さんにも随分ご迷惑をかけたと思っています。来週の火曜日（2020年2月11日）に89歳になりますけれども、まだレッスンだけやっております。

昔、厚労省にいたトオイさんという人がシリーズで本を出しているんですけれども、たまたま私のことを書いていまして、私はアイウエオの人だと彼は言うんです。アは、諦めない。イは、威張らない。ウは、うろたえない。エは笑顔でいる。オは、怒らない。

逆を言うと、諦める、威張る、うろたえる、笑顔がない、怒る、その反対をやっているわけです。若いドクターに話をするときに、「君たちは、いろんなチームのリーダーになるんだから、やっぱり基本的にはアイウエオを守るべきじゃないか」ということを申しましたら、これから原稿をつくってくると言うので、できたら直したいと思います。

今日は、お言葉に甘えて、いろいろな話をお伺いさせていただいて、ありがとうございました。

耽美主義の危険性

ボッシュ、ボッティチェリ、ゴヤがアートを大きく前進させて、その後、あらゆる文化の影響を受けて、さまざまなジャンルで複雑に花開いていきました。でも、いろいろやり過ぎてしまって、最終的に耽美主義につながってしまいました。

耽美主義とは何かというと、人を殺しても、人を騙《だま》しても、人を愛しても、全て美学に置きかえれば芸術になるという考えです。危険きわまりない。

エロチシズム、サディズム、ダダイズム（退廃主義）、シュールレアリスム、フォービズム、ロマンチシズム、ヒロイズム、カルトイズム、危険な思想から、いい思想から、全てひっくるめて、その養分を吸って最終的に花開かせようというのが耽美主義の危険性です。

道を外して愛のない芸術を花開かせようとしたのが「デスノート」とか「Ｔｏｋｙｏ　Ｇｈｏｕｌ」ですが、それらは失敗してしまいました。昔は文化も捏造できたけれども、今の一般大衆はアンテナの感度が高いので、ごまかしが利かないのです。

だから、私のような精神性のアートを世に出すこと、本質的な愛の精神文化を説くことは、一部の連中にとってはご法度なのです。

私は12年前に画集を1冊3万円で1000部限定で自費出版しました。しかも、ビバリーヒルズの大富豪を洗脳してやろうと思って、アメリカから発表したのです。あなたたちは、幾らお金を持っていても、精神性がなければ最後は幸せになれないんだと教えてあげたかった。

高久先生が大成功をおさめた理由は実力だけではありません。高久先生には愛があるのです。だから、みんなが支持してくれた。能力だけだったら花開かなかったんじゃないかと私は思うのですが、先生、どう思いますか。

高久　私は小学校のときは成績が非常に悪かったんです。

篠崎　何を言っているんですか。それだったら現役で東大医学部に受かりませんよ。

先生は大連で生まれたんでしたっけ。

高久　いや、釜山です。

篠﨑　お父さんもお母さんも日本人ですよね。

高久　もちろんです。私の父親は会津の出で、母親は九州の田川の生まれです。父親は京都大学に行って、母親は京都の女子大に行っていて、2人は京都で知り合ったんです。

父親は地主の3男なものですから、のんびりしていまして、会社の試験を受けるときに、友達と碁を打っていて遅れてしまったんです。仕方がないので、母親の関係の人が韓国の慶尚南道の知事をしていたので、そこで働くことにしたんです。だから、私は釜山で生まれたんです。

篠﨑　国際的な感覚があるから、先生は大なたを振るえたわけですね。日本人的な感覚でこぢんまりしていなかった。だから、日本の医学の大改革を次々とやれた。その勇気はすごいですよ。

私が去年（2019年）の8月に関節医学の本（『奥伝の関節医学』ヒカルランド）を出したときに、先生は最高顧問を受けてくれたんです。西洋医学のトップの方が東洋医学を取り入れる最高顧問なんて、普通はあり得ないですよ。

耽美主義の危険性、これは重要なことです。人類が滅びるところに行きかねない。

私の画集をトランスレートしてくれたのは、ジョン・ソルトです。彼はハリウッドとビバリーヒルズの中間にお父さん譲りの大きなアパートメントを所有していて、ハーバードの客員教授でしたが、お金が幾らでもあるから好き勝手な論説展開をやっていてハーバードをクビになってしまったのです。でも、10年、20年たったら、ジョン・ソルトは有能だから戻そうということで、今は客員教授をやっています。ハーバードで日本文学を専攻して日本語がペラペラで、日本人の奥さんをもらったのですが、イケメンであまりもて過ぎて離婚してしまいました。彼は今、マリリン・モンローが住んでいた部屋に住んでいて、隣の部屋にはかつてチャップリンが住んでいました。

彼は詩人で、すばらしいトランスレーターでもあるので、細江先生が紹介してくれて、そのご縁で私の画集をビバリーヒルズで発表しました。

ジョン・ソルトは感激してくれて、この本を持って12年前にハーバードに行って、世界文化学会で私の画集を発表してくれたのですが、私はお金がないので、いまだに1円もお礼をしていません。でも、ジョン・ソルトとのつながりは残っています。

それが皮切りで、岡本敏子さんの依頼で太郎さんのアートをやったものですから、やっと画集ができましたということで岡本太郎美術館の村田先生に報告に行ったら、「これはうちでやる」と言い出して、9年前、岡本太郎生誕100年記念事業で3カ月間やりました。

村田先生は「岡本太郎は大バカヤロウだけど、篠崎さんはそれ以上の大バカヤロウだから、うちでやるのがふさわしい」と、わかったようなわからないようなことを言って、川崎市の教育委員会が特別予算を2000万円出してくれて、岡本太郎美術館が700万円出してくれて、芸術と科学の婚姻というところにたどり着いて、東大、京大、理研も一緒になってやることができました。

小柴さんとか野依さんとかにもつながる有能な学者の卵の人たちとやったんですが、NHKの「日曜美術館」では1分たりとも取り上げてくれませんでした。

結局、私のアートを世に出すと精神的に日本国民が覚醒してしまうので、クーデターの危険性があるわけです。

2012年にアングロサクソンの文明は終わり、日本人が覚醒する

実は、1%に満たない人が世界の99%の富を牛耳っている構図があるのです。世界の国立公園の大半はエリザベス女王が裏のメインです。皆さん、こんなことはご存じないと思います。

でも、2012年にアングロサクソンの文明は終わったのです。2012年には世界が滅びるという本がたくさん出たけれども、実際は何もなかった。実は2012年は日本人が覚醒する年だったのです。

世界の文明は、805・5年周期で西洋と東洋と入れ違いで発展してきたのです。アングロサクソンの大英帝国の繁栄は、2012年に終わりました。だから、イギリスはEUからの離脱を決めたわけです。

イギリスというのは複雑な国なのです。アイルランドがあるから、半分はケル

ト人です。実はケルト人というのは日本人の末裔で、YAPプラスの遺伝子を持っているのです。だから、ストーンヘンジとか、森の精霊とか、アーサー王の伝説とか、みんなケルト伝説です。

ケルト人はヒッタイト民族ともつながります。牡牛座のゲルマン民族から追いやられてしまったのがケルト民族です。ケルト人の遺伝子は、実はアイヌ民族とか琉球民族と同じYAPプラスです。

ただし、本土の日本人はYAPマイナスです。

やっと2008年に国会で、アイヌ民族は日本古来の民族だと認めました。今さら何を言っているのかという感じです。アイヌはニギハヤヒノミコトの末裔なのです。

アマテラスは、シリウス系が、アマテルクニテルヒコ、アメノホアカリ、クシミカタマ、ニギハヤヒノミコトという4人の神を合体してつくり上げたものです。

アマテラスは、伊勢神宮の内宮《ないくう》の主神です。外宮《げくう》の主神はトヨウケノカミです。トヨは、卑弥呼の第一皇女なのです。ということは、内宮の主神のアマテラスと卑弥呼は同一だということです。これはほぼ間違いない。

世界中の食事に合う唯一の酒は日本酒だ

お酒の歴史も、今、大きく変革してきました。何十年もチーフとしてドンペリをつくってきた人が、一昨年（２０１８年）、ドンペリを退職しました。彼は、もう二度とやらないと言っています。ケンカしたわけではありません。

なぜならば、日本酒はドンペリにまさるお酒だからです。彼は、世界中の食事に合う唯一の酒は日本酒だ、１０００年以上前からつくっている日本酒に世界はなぜ注目しないのかということで、今は日本酒の研究家になっています。

日本酒というのは、ただものじゃない飲み物なのです。米と青、精神につながる。ドンペリを超えます。今、世界のアルコール市場が、日本酒にやっとたどり着いたのです。

いろいろ文化的なものも含めて、２０１２年以降、どんどん日本中心の文化になりつつあるのです。

第二次世界大戦は正義の戦いだった

日本は第二次世界大戦で負けましたが、ジョン・レノンが言うように、あれは正義の戦いでした。日本が目覚めないように、６６６の数字の半分の３３３で建てたのが東京タワーです。

でも、２０１２年を目指して日本の首脳陣が「ふざけるな。６６６をつくろう」ということで建てたのが東京スカイツリーです。表向きは６３４メートルになっていますが、基礎の下を含めると６６６メートルなのです。

日光の東照宮の五重塔の高さは海抜６６６メートルです。

西洋人は６６６は悪魔の数字だと言っていますが、それは違います。遺伝子、二重螺旋、ＹＡＰマイナス、３３３×２で６６６なのです。これが表に出ないように封印しているわけです。

日本人を覚醒させる歌　「かごめ歌」

だから、2012年を契機として日本人が全て覚醒するように、今、日本の中枢が取り組んでいるのです。それが「かごめ歌」による覚醒です。

「かごめ　かごめ　かごの中の鳥」、八咫烏です。いつ出るのか。「夜明けの晩に」。夜明けの晩というのはありません。夜明けの晩というのは、この世が終わるときという意味です。「後ろの正面　だーれ」。後ろの正面というのもおかしい。ここに日本人の秘密を刻印して、童歌として女の子に受け継いだわけです。男は割と無頓着で気にしないので受け継がないけれども、女性は裏切りません。

それが2012年から始まったのです。それに向けて私は世界の文化をREISMに持っていこうと思ってやってきたわけです。でも、今ではスッカラカンになって、うちでは犬と猫しか私の味方はいないぐらい四面楚歌の状態です。

BMWの356も、ポルシェの356スピードスターも売られてしまった。バイクも、イタリアのマイク・ヘイルウッド・レプリカのドゥカティの900ccも、

350キロしか乗ってないのに売られてしまった。20年前にホンダの牙城を崩したのが、唯一ドゥカティです。みんな売られてしまって、今は軽自動車です。今は給料ももらえないし、惨憺《さんたん》たる状況です。ヒカルランドから時々いただいているお金は、家族には内緒です。（笑）

ダダイズム（退廃主義）　坂口安吾『堕落論』

残虐なものも芸術に持っていこうというところまで文化が発展して、自虐のダダイズム（退廃主義）に行き着きます。

第二次大戦後、日本は焼け野原になって、坂口安吾などの無頼派と呼ばれる人たちが注目され、安吾の『堕落論』が一世を風靡しました。「日本人は堕ちよ、堕ちよ。堕ち切って、そこから這い上がらなければダメだ」というのが、『堕落論』の骨子です。しかし、最後の1行で「堕ち切れるほど人間は強くない」と言っています。

安吾は天才的な小説をいっぱい書いています。安吾は三島より上のレベルの作家です。

舞踏家　土方巽　大野一雄

舞踊とか能とか歌舞伎とかいろいろありますけれども、舞踏というジャンルをつくったのが土方巽《たつみ》と大野一雄です。舞踏は肉体表現の極致で、すばらしいです。それから、同時期に活動した寺山修司の天井桟敷。寺山修司も天才ですが、47歳で死んでしまいました。

私は土方巽に会ったことはありません。土方が死んで2年後に、私は大野一雄と出会いましたが、大野一雄は、10年間、私としか話をしませんでした。大野一雄は、「毎月泊まりに来なさい」と言うのですが、最寄り駅が横浜から相鉄線に乗って40分ぐらいの上星川というところなので、宇都宮から片道4時間かかるのです。向こうで話をしていると泊まる以外ないので、夜の1時、2時まで、2人で命と宇宙、魂の原点を探る会話をしました。この10年間で、私はREISMにやっとたどり着いたのです。

たどり着いたので、彼と別れたら、途端に彼はぼけてしまって、10年前に１０３歳で亡くなりました。大野さんの家族に、「篠崎さんが来なくなったので、おじいちゃんはあっという間にぼけてしまった」と文句を言われましたが、そう言われても、私も限りある命ですから。

[図２−15] 土方巽は、肉体と魂についてすばらしいコメントを残しています。

彼は、「舞踏とは、必死で突っ立っている死体である」「魂の暗闇の中にハシゴをおろして降りていくのが舞踏だ」と言っています。

つまり、土方の舞踏は、逃げる魂を必死で追いかける肉体の舞踏なのです。肉体に魂が宿ってない。だから、必死で突っ立っている死体だと言うわけです。結局、土方の舞踏は、愛が枯渇した舞踏です。それが彼が築いた暗黒舞踏です。

土方の一番弟子の玉野黄市は、奥さんと一緒に寿司屋を経営しながら、世界的舞踏家としてアメリカで活動しています。私が10年前にジョン・ソルトのところに行ったときに、わざわざサンフランシスコから彼が来てくれたのです。ヨシダ・ヨシエさんも来てくれました。

土方は愛が枯渇した舞踏ですが、大野一雄は愛が満ち足りた舞踏です。

大野一雄の舞踏は逃げる肉体を必死で追いかける魂の舞踏で、土方とは逆の構図です。だから、魂が浮遊するような踊りです。

大野先生が6歳のときに、3つ年下の妹が函館の路面電車に轢かれて即死してしまったのです。そのときにお母さんが泣き叫ぶ光景が頭から離れなくてつくったのが「わたしのお母さん」という舞踏です。亡くなった妹になり切って、全身を白く塗って踊るわけです。大野一雄の舞踏は、あの世の妹を踊る舞踏なのです。大野一雄は、そのときの光景を私に何度も話してくれました。

大野一雄の舞踏は、ただごとではない舞踏なのです。女子高生でも誰でも、彼の舞踏を見ると涙を流します。でも、なぜ泣いたのかわからない。大野一雄の舞踏は、人間の潜在意識に眠る生と死の琴線に触れるのです。惜しい巨匠を亡くしました。

私は彼のビデオを全部預かって、DVDに焼いて持っています。これを持っているのは私だけです。彼は大事なものを全部私にくれたのです。

サケが卵を産むために石狩川を遡上します。サケは、卵を産んで息絶えて体はボロボロになって骨になっても、稚魚が育つように守っている。亡くなったサケのお母さんをこの世に呼び戻す踊りが「石狩の鼻曲がり」という舞踏ですが、これは彼の最高傑作だと私は思います。

「秘する肉体」という踊りです。泥の中、つまり、地獄から天上の花が咲く、睡蓮になる。泥の中に裸で入ってやっているから、ヒルがいっぱいついて、むしると血が出るわけですが、それが彼の最高の喜びなのです。

【図2-16】これが「わたしのお母さん」です。

彼は大きな愛を失ったけれども、それに余りある愛を受けた。妹の事故がなければ、世界の大野一雄は絶対生まれなかったのです。

皆さんの中には大変な不幸を味わっている方がいらっしゃるかもしれないけれども、それをマイナスと思ってはダメなのです。命の大切さを人よりも十二分に知るきっかけを天が与えてくれたということです。だから、自殺なんというのはもってのほかです。

土方は、最初のころに「禁色」という舞踏を東京で発表しました。禁色というのはホモセクシャルを意味しますが、実は三島由紀夫は『禁色』という短編小説を書いているのです。それで大野一雄が「禁色」の練習をしているところに、俺の小説の題材を無断で使うというのは何事かと、三島由紀夫が怒鳴り込んできたわけです。

そのとき、大野一雄の息子の20歳の慶人さんが、土方の相手の少年役をやっていたのです。実は大野一雄は日体大を出ていて、彼が高校のときに出した400メートルの記録が20年間破られなかったという健脚なのです。息子の慶人さんも、横浜の高校のサッカー部のエースストライカーで全国大会でベスト4に入ったという、目の覚めるような肉体の持ち主です。

慶人さんを見た三島は、この世にこれほど美しい肉体を見たことはないと言い出して、「禁色」を名乗る、名乗らないのレベルの話は終わってしまって、そこから三島は慶人さんを自分の愛人にしたのです。それまで三島がつき合っていたのが美輪明宏で、それで美輪明宏は捨てられてしまった。そのころは丸山明宏と名乗っていました。

命の原点のいけ花　中川幸夫

もう１人、私は著明な巨匠を知っています。前衛いけ花の中川幸夫さんです。彼は３歳のときに脊椎カリエスにかかったせいで腰が折れ曲がっていて、立っていても１メートルぐらいしかありません。全面的に世間から排除されたリバウンドで、命の原点のいけ花が花開いたわけです。

中川先生は数年前に亡くなりましたが、大野一雄とすごく仲がよかったので、私のこともとてもかわいがってくれました。

［図２−17］ 新潟にはチューリップ畑がたくさんあるのですが、球根を大きくするために、花が開いたと同時に花びらをむしり取ってしまって川に流すのです。花びらで真っ赤になった川を見て中川さんはイメージして、そのチューリップの花びらをいただいて帰って、半年、１年たって腐敗したら、それをガラスの型にギュッと押し込んで赤い汁がじわりじわりとしたたり落ちる様を表現した「生ける花」というアート作品をつくりました。

彼は土門拳に師事して写真技術も覚えました。実は土門拳と細江英公はライバルだったので、中川さんと細江英公とは仲が悪かったのです。

中川さんが銀座の画廊で個展をやったときは、階段に白い防水シートを敷いて、上から腐ったチューリップの花びらを絞ると、しずくがポタポタしたたり落ちるというアートをやっていました。

大野一雄の生誕100年のときには、草原に行って、摘み取ったばかりのチューリップの花びらを3トンほど、中川さんがヘリコプターでばらまいて、もう動けなかったけれども、その下で大野一雄が踊ったのです。

この辺は、私から言わせればダダイズム（退廃主義）ではありません。命の原点を探って愛を説いたのが、大野一雄、中川幸夫です。

土方巽は、逃げる魂を必死で追いかける肉体、必死て突っ立っている死体だから、行き詰まるわけです。彼は若くして引退してしまいました。なぜなら、大野一雄に歯が立たないから、もうライバル関係はやめようということで、土方は大野一雄が68歳のときにナンシー国際フェスティバルに放り出して、そこから世界の大野一雄が花開いたのです。

三島由紀夫はテクニックだけで心を持っていない

大野一雄は、「三島君はテクニックだけで心を持っていない。必ず行き詰まる」と言っていたのですが、そのうち三島は自殺してしまいました。

三島の文学はたくさんありますけれども、代表作は何だと思いますか。

三島の代表作は『金閣寺』以外ないのです。『金閣寺』のルーツにあるのは、放火して美しいものを失うということです。結局、ジェラシーです。彼は東大を出ているし、頭はよかった。でも、感動を知らない。テクニシャンだから、感心はします。『午後の曳航』とか『禁色』とか、いろんな作品を残しています。『仮面の告白』はシュールの代表作で、カミュに通じますが、やはり『金閣寺』しかない。行き詰まるはずです。大野一雄はちゃんと見抜いていた。

坂口安吾の最高傑作は『夜長姫と耳男』

坂口安吾の代表作は『桜の森の満開の下』だと言われていて、映画化もされています。でも、私は彼の代表作は『夜長姫と耳男』だと思います。

手塚治虫の『火の鳥』の鳳凰編の中に茜丸と我王の話があります。あれは『夜長姫と耳男』をパクッたのです。

夜長姫は絶世の美女で、どんな男にも興味がなかったけれども、城に出入りしていた行商で醜い耳男に恋をしてしまった。でも、地位が違い過ぎるので一緒になれない。いつまでたっても夜長姫がお嫁に行かないので城主のお父さんが困ってしまって、「来年、彫刻大会を開いて、優勝した者に夜長姫を嫁にとらせる」と言ったのです。耳男は、その日以来、行商をやめて山にこもって、冬眠しているマムシを掘り起こして食べて、さおに吊したマムシの皮が北風でカラカラ音がするのを聞きながら、ケヤキの木で仏像を彫り続けたわけです。マムシの生き血を仏像に絞り込んで彫った仏像を翌年の春に持っていったわけです。

それに対して、京都一の彫物師の御曹司がいて、お金は幾らでもあるので、光り輝くすばらしい仏像を彫ったわけです。テクニックの極致です。誰もが耳男の仏像の迫力に圧倒されているのに、審査員を全部買収しているから、茜丸の仏像が優勝してしまったのです。

夜長姫は、その日以来、部屋に閉じこもって、気がふれたふりをしたのです。2年、3年たったころ、お城の裏で夜長姫と耳男がばったり会って、耳男が夜長姫に「一緒に死んでくれ」と言ったら、夜長姫は喜んで自分を刺させて、「あなたは私を殺さなければいけなかったのね」と言って息絶えて、耳男はさめざめと泣いたという話で、これは愛の極致です。耳男と結婚できなければ、誰とも結婚しない。

『夜長姫と耳男』は、坂口安吾の最高傑作だと思います。

『桜の森の満開の下』は、シュール的で、満開の桜の下で女性が気がふれるという耽美的な光景もいいけれども、『夜長姫と耳男』は、心をえぐられるようなテーマです。三島も、坂口安吾は天才だと言っています。坂口安吾はヒロポン中毒の時期を経て脳出血で48歳で死んでしまいました。

だから、命の原点を探るというのは、命ぎりぎりなのです。一番大事なことは、その裏に愛がなければダメなのです。愛が喪失したものを、幾ら技術とテクニックでオブラートでくるんでも、感心はするけれども、感動は呼び起こせない。感動というのは、宇宙から来る必然のエネルギーなのです。感心というのは、心と魂だけで処理できる。

だから私は、どこまでやれるか、余生はわからないけれども、感動を呼び起こすために命をかけるにはどうしたらいいか。堕落したときには石井社長が私を叱《しか》ってくれる約束になっているので、安心しています。

三島由紀夫にエロチシズムとサディズムを教えた澁澤龍彦

三島由紀夫を裸にして撮った細江英公さんの作品があります。三島の極致はエロチシズムとサディズムで、それを耽美主義に持っていった。では、彼にエロチシズムとサディズムを誰が教えたのか。澁澤龍彦です。

日銀の初代頭取の渋沢栄一が今度お札になりますが、澁澤龍彦は渋沢栄一の遠戚です。東大の仏文科を卒業してフランス語がペラペラで、マルキ・ド・サドの『悪徳の栄え』を翻訳して出版したら発禁本になって、9年間にわたって最高裁まで争っています。後に、時代が追いついてサディズムが珍しくなくなってしまったのですが、サディズムの理念を澁澤が三島に教えたわけです。

でも、三島はサディズム的な小説は書いていないと思います。三島はサディズムを受け入れることはなかった。三島は160センチぐらいしかなくて、ひ弱だったので、40歳過ぎてからボディビルをやったり、日本3大名刀と言われる関ノ孫六を手に入れたりして（市ヶ谷で自決したときはそれを使っています）、強い男を演出したかった。頂点まで持っていって、色あせないうちに人生を終わりにしたかったのでしょう。自分の人生そのものも耽美で終える。それを大野一雄はちゃんと見抜いていました。

三島由紀夫の著書は世界的に愛読者がたくさんいて、世界でまだまだ売れています。窮鼠猫をかむじゃないけれども、三島には、追い詰められたネズミが最後に猫に向かっていくような、独特の負け犬の美学があるのです。

三島は、笑い方も研究していたらしいです。「ウワッ、ホワッ、ホワッ、ホワッ、ホワッ」と笑うと、大野慶人の奥さんから聞いたことがあります。笑い方から、しゃべり方から、全て計算したカメラワークで一生を終えたかったのだと思います。でも、これはすごく弱々しいのです。こういうところから感動の作品はつくれない。

細江英公が撮った大野一雄、土方巽、三島由紀夫

【図2－18】これが大野一雄を裸にして撮った写真で、細江英公の写真集の表紙となっています。エロチシズムとサディズムの極致です。冬に、雨上がりの冷たいところでなくちゃダメだというので、大野一雄はかわいそうですが、そこでぎりぎりの写真を撮ることが1つの美学なのです。

私は細江先生とはどうもウマが合わないというか、彼が「俺の言うことを1つも聞かなかったのは篠崎だけだ」と言っていたという噂を聞いたことがありますが、どうしてもなびけないのです。

【図2－19】（174P）これは細江先生が土方巽を撮った有名な写真です。土方は秋田の生まれですが、台風の後に、稲を干すために3メートルぐらいの高さで組んだ木の上に土方を立たせて撮っています。一歩間違ったら死んでしまう。これが細江英公の美学です。土方巽は運動神経がいいから落ちなかったけど、2回ぐらい骨折していると言っていました。

［図２－20］これはフンドシ姿の三島由紀夫の写真で、ボディビルをやっていたころの絶頂期の肉体です。これは細江英公の出世作になった『薔薇刑』という写真集に載っています。この出版費用は三島が全部出してくれたそうです。自分をアピールしたかったのでしょう。

［図２－21］それで細江英公は、男と女の写真とか、エロチシズムの極致の写真に行ったわけです。上にリンゴがあって、アダムとイブのようです。細江英公はすばらしい頭の持ち主で、世界一の写真家です。２００３年に英国王立写真協会から勲章をもらっています。

四谷シモン

四谷シモンという人形作家がいて、三島由紀夫や細江英公らと密接な関係です。私は何度も会っていますが、どうも話が合わない。愛を入れていると言っているわりに、全く感じないのです。彼の人形からは生気が感じられない。

［図２－22］人形の中に機械が入っているみたいです。四谷シモンといえども、

あの連中とつき合っていると、エロチシズムとサディズムに行ってしまうのです。愛を失う。すばらしいテクニックの持ち主で、彼がつくった人形は、今でも1体数百万円で売れると思います。

これは四谷シモン作ではありません。『スチームパンク世界の描き方』という本です。だんだんパンクアートに発展していくわけです。

澁澤龍彦のエロチシズムとサディズム

澁澤龍彦の『快楽主義の哲学』という本の帯に「三島由紀夫激賞！　幻の名著」と書いてあります。それはそうです。三島にとって澁澤は師匠ですから。

澁澤のお墓は、禅寺の名刹《めいさつ》として有名な鎌倉の浄智寺《じょうちじ》にあります。私は画集をつくるちょっと前に、澁澤の奥様の龍子さんに「作品ができたので入魂の儀をやりたいんですが、細江先生が8月5日じゃないとあいてないと言うんですが、いかがですか」と電話したら、「ちょうどいいです。その日は主人の命日です」とおっしゃるのです。そこで、午前中にお坊さんを呼んで供養して、午後1時から、私の作品をバックにして龍子さんと一緒に写真を撮りました。最初の奥様もすばらしい方でしたが、別れてしまって、龍子さんは2番目の方です。

その関係で澁澤龍彦の自宅に何回も行きましたが、ドクロとか飾ってありました。彼は大富豪のせがれで、何ひとつ不自由ないのです。そうなると人間はどうなるかというと、人に世話してもらわなくても寂しくなくなってしまうのです。だから、刺激を求めてエロチシズムとサディズムに行ってしまうわけです。

澁澤と三島が対談している写真があります。もともとサディズムというのはマル・キ・ド・サドというフランスの思想家から波及しているわけで、日本の文化ではないのです。だから、「必殺仕事人」とは違うのです。

カミュの『異邦人』は現代人の心の荒廃を予見していた

アルベール・カミュは、小説の『異邦人』など説を書いてノーベル文学賞を取っています。シュールレアリスムの代表格と言っても差し支えないと思います。

『異邦人』は、どういう内容なのか。カミュは殺人者の心理をきめ細やかに克明に書いていますけれども、殺した理由は太陽がまぶしかったからだ。そういうシュール的な発想です。

現代社会においては、殺人が起きて、なぜ殺したのですかと問われて、殺して見たかったからだ、そういう時代に入っています。なぜそういう風潮が進行してしまったのか。これはバーチャルの発展のせいです。小学校に上がる前からゲームをやって、敵をどんどん倒して前に進む。最後に自分がやられてしまっても、エンターキーでまた生き返ることができる。バーチャルと現実を混同してしまっているのです。

『異邦人』は約80年前に書かれましたが、カミュは既に現代人の心の荒廃を予見していたのです。

エゴン・シーレとクリムト
エゴン・シーレは現代を予見していた

19世紀末ウィーンの画家として有名なのがエゴン・シーレとクリムトです。

クリムトはエゴン・シーレより30歳近く年上ですが、エゴン・シーレの天才性を知っていました。

クリムトは彫金師のせがれとして生まれたので、金細工に非常に造詣が深くて処理がうまかったのです。クリムトの「接吻」とか「抱擁」とか、さまざまな傑作はオーストリアでは国宝級で一切門外不出ですけれども、私は昔から、クリムトじゃない、エゴン・シーレだと思っていたのです。

エゴン・シーレは28歳でスペイン風邪で死んでしまったのですが、若いころから天才でした。彼は、道を歩いている少女を家に連れてきて素っ裸にして股を広げさせて、最終的には卑猥な行為もさせたり、裸体の女性が死者と抱擁しているとか、そういう命ぎりぎりを追求した絵を描きました。決してクリムトのようなあでやかさや華やかさはないけれども、今は彼の生きるか死ぬかの極致が理解できる時代に来たのです。

エゴン・シーレは死ぬときにお母さんに、「将来、僕の絵は世界中の美術館を回るだろう」と言い残したそうです。

【図2-23】　これは卑猥な光景を描いたシーレの絵です。

女性が抱きついているのは黒ずんだ男の死体です。この女性は、生きているけれども、細い腕を見てください。死の直前のようでもあります。

クリムトは、愛するすばらしい女性に支えられて愛の美学をたくさんやったけれども、その女性は彼と離婚して、20世紀最高の管弦楽の作曲家と言われているマーラーの奥さんになってしまいました。クリムトは、おまえは黙っていろという感じで、その女性のコンセプトで全部やっていたので、その女性が離れてからは傑作を残していません。ということは、クリムトは、その女性のふんだんなる愛の満ち潮がなければ描けなかった人です。

それに対して、シーレは愛の引き潮で絵を描いた天才です。ここに2人の決定的な違いがあります。

ホルスト・ヤンセン

ホルスト・ヤンセンというドイツの画家・版画家がいます。彼もすごいです。シーレにつながります。日本ではあまり有名ではないけれども、私が一版多色刷りを研究しているころに知った作家です。

［図２－24］これは「自画像」ですが、鼻から下は溶けて骨になって腐敗が始まっています。かといって死んでいるわけではない。なぜなら、目が生きています。彼は生と死の腐敗感を極限の美学に持っていった。でも、彼は耽美主義的でもないのです。

この絵は、左側は生きているようだけれども、右側はもう骸骨化しています。

耽美主義　マルグリット　クノップフ

マルグリットは耽美主義者です。

［図２－25］（175P）クノップフも耽美主義です。これは裸の若い男とヒョウに変身してしまっている男の絵です。

耽美主義は何でもありなのです。絵は、美学で解くと、見る人にカリスマ性を感じさせるわけです。これが耽美主義の特徴であり、ある意味、危険なコンセプトです。

【図2－26】これもクノップフの絵で、不思議な光景を描いています。でも、ムンクの「生命のダンス」とは違います。ムンクの絵は、すばらしい愛が裏打ちされています。

これも耽美主義ですが、クリムトの絵ではありません。妊婦を醜く描いているけれども、金であでやかに美しく見せようという、相反する挑戦です。私としては、これは決していいとは言えない。耽美主義だと、こういう傾向のアートも出てくるのです。

【図2－27】これは水に浮かんでいるオフェーリアを描いた有名な絵です。この女性は死んでいるのですが、これをいかに生気あふれて美しく見せるか。傑作と言われているアートです。

【図2－28】これは「ハウルの動く城」のような絵ですが、結局、何でもありで、幻覚、妄想も美学に持っていこうということで、どんどん発展していったわけです。

実は耽美主義の上に咲く花は種がなくて、あだ花という花なのです。ということは、次に花開いていけない美学だということです。だから、耽美主義の感動というのは、どこかむなしさが残るわけです。見る人に、根底から愛を与えない。これが世界の文化を長年腐敗的にしてきたのです。

アール・ヌーボー　アール・デコ

そこで立ち上がるのは、実は日本の思想でないとダメなのです。アール・ヌーボー、アール・デコです。アール・ヌーボーの後にアール・デコというのが生まれたわけです。

アール・ヌーボーは、鶴とか自然界の動植物をモチーフにしたコテコテのもので、装飾の極致まで行ったわけですが、それをやり過ぎたので、直線的なシンプル・イズ・ベストに持っていったのがアール・デコです。

東京都庭園美術館はアール・デコ様式です。

バウハウス運動

最終的に、モダニズム運動が生まれます。ドイツにバウハウスという組織ができて、ドイツの国家事業としてバウハウス運動というのをやったのです。文化を国家がつくり出したわけです。耽美主義が行くところまで行って、その後に装飾的なアール・ヌーボー、アール・デコに行ったのを、シンプル・イズ・ベストに戻そうというのでやったのがバウハウス運動です。

それで生まれたのがキュービックなものです。今の都市の設計でも何でも、セキスイハウスの四角い家とマンションは全部バウハウスの延長です。

アール・ヌーボー　ガレのガラス工芸

［図2－29］これがガレのガラス工芸です。ガレの作品のモチーフとしてトン

ボがよく使われますけれども、トンボは羽をちぎっても胴体をちぎってもしばらく生きていて、ものすごい生命力が強いので、不老不死の象徴として取り入れたわけです。

ヨーロッパではステンドグラスの伝統があるので、昔からガラスの文化があるのです。燃えてしまったノートルダム寺院のステンドグラスもすばらしいものでした。

ガラスに金を混ぜて光を通すと血の出るような真っ赤な色になりますが、やはりカネがかかります。だから、いい材料を使ってステンドグラスをつくると、桁違いにコストがかかるのですが、アール・ヌーボーのガラス工芸で花開いているのです。

フランスの地下鉄の入口には、アール・ヌーボー様式でつくられたガス灯がいまだに残っています。

ニューヨークのクライスラービル

アール・ヌーボーの後、直線を利用したアール・デコに徐々に入っていくわけです。

ニューヨークのクライスラービルは、自動車メーカーのクライスラー社が世界トップレベルまでいったときに、創業者のウォルター・クライスラーがつくった象徴的な建物で、内部の装飾がすごいらしいです。このビルはアール・デコの極致です。

自然を生かした建物

当時、ドイツにできたバウハウスの研究機関があります。ドイツがシンプル・イズ・ベストの文化を世界に広めたために、都市が無味乾燥になってしまったわけです。「東京砂漠」という歌がありますが、東京が砂漠っぽく見えるのは、私に言わせれば、バウハウス運動のせいです。

自然界には直線というのはないのです。地球だって太陽だって丸い。子どもは泥ダンゴとか丸いものを自然とつくるし、丸いものが基本なのです。

今、アメリカやヨーロッパの建築家は、木を組んだ丸いドームで建物をつくっています。これは鉄筋コンクリートの建物の１０００分の１のコストでできるそうです。木材でドームをつくって、フィルムで覆って日光を遮断する。また、丸くつくることによって強度も上がる。木もフィルムも、古くなって壊したら、腐って自然に回帰する。将来は、全てこういう建物になるだろうと思います。

鉄筋コンクリートも、このままだとまずいということで、微生物を中に入れた鉄筋コンクリートが世界ではやってきました。水がないと微生物は仮死状態ですが、ひびが入って水がしみ込むと、微生物が覚醒して炭酸カルシウムを出して、ひびを埋めてしまう。こういう永久に大丈夫な鉄筋コンクリートの研究が今進んでいます。

明らかに世界は、エコをどういうふうにしたらいいかを考え始めており、このまま資源を使い果たしたら地球は滅びるということに気づいているわけです。

自然回帰のホテル　シーランチ

カリフォルニアから約160キロ北の何十キロ四方に一軒も家がない断崖絶壁に建てられたシーランチ・コンドミニアムという理想的な自然回帰の宿泊施設があって、世界中からお金持ちがいっぱい泊まりに来るそうです。道路がないので建築材料は船で運んだり、つくるのは大変だったみたいですが、木造で、板塀で囲って北風を防いで、太陽の光を利用して暖かくするような建物です。シーランチ・コンドミニアムは、1965年にできました。

ライト設計の「落水荘」はモダニズムの極致

［図2－30］これはフランク・ロイド・ライト設計の「落水荘」です。

実は川の上に鉄筋コンクリートの家をつくるというのは、日本では建築基準法に合致しないのです。私は、このライトの建物にはちっとも感動しません。川の上に鉄筋コンクリートの家をつくらなくても、日本には何千年の歴史がある自然回帰があるじゃないですか。

国立西洋美術館

ル・コルビュジエ設計の国立西洋美術館は、何年か前に世界文化遺産になりました。今は東大卒で日本女子大学名誉教授の馬渕明子さんが館長です。彼女は私の画集を持っていて評価してくれているのに、何も手伝ってくれません。

ポストモダン

モダニズム運動で余りにも無味乾燥になり過ぎてしまったということで生まれたのがポストモダンです。無機質から有機質を狙ったのです。

丸い宇宙船みたいなフジテレビの建物は、明らかにポストモダンです。

高﨑正治さんが設計した建物

【図2－31】（176P）これは私の友人の高﨑正治さんが設計した建物で、どこかの県の高齢者文化交流センターです。

これは木造で、アルミの板を張っています。彼は世界的になるべき建築家ですが、パトロンもいない。私は何とか彼を世に出したいと思っています。バブルの前に幾つか受注があって、好き勝手にやって、いいものをつくっています。

【図2－32】これも彼の作品で、どこかの天体観測施設だと思います。木材とアルミの板とガルバリウムみたいなのに断熱材を張って、ちゃんとつくっているのです。だから、コストがかからない。この作家はすごくいいです。

ポストモダンの後はREISMしかない

ポストモダンの後はＲＥＩＳＭしかないのです。

これは、次回、完全にひもといていきたいと思います。

早田絵里菜さんのお話

篠﨑　彼女は私のマネージャーのスミさんの娘さんで、中学生のころから知っているんですが、日本女子大でずっと首席で授業料免除になっていた、すごい才女です。卒業して、ＪＡＬのスチュワーデスに合格したんですが、それを蹴って早稲田の大学院に入ったんです。私が好き勝手に言っていたことが非常に勉強になって、ほとんど努力しなくて首席になってしまった。キュレーターの資格も取ったので、ＲＥＩＳＭの若手のホープとしてご紹介したいと思います。我々の組織にはこういう有能な新人までいますので、崩しようがありません。

早田　初めまして。自己紹介が遅れました。早田絵里菜と申します。
私は日本女子大学の史学科を出て、今、歴史の勉強をしているんですけれども、そのきっかけとなったのが篠﨑先生との出会いで、先生と絵画の前でお話をするのは大変恐縮なんですけれども、少々おつき合いください。

先生との出会いは中学生のときで、こういう話を何時間もずっと聞くことができて、日本の歴史というものを主観的ではなくて客観的に見て、教科書にある歴史が全て正しいわけではないということを中学のときから分別をつけながら勉強してきたので、本当に先生のおっしゃるとおり、努力もしてないですが、首席を取ることができました。その点に関しましては大変感謝しております。

今回の講演も、大学の講義は1時間の講義なのに半日もかかるような思いで受けているんですけれども、先生のお話を3時間、4時間と聞かせていただいても、私の感覚的には30分ぐらいの短い時間だと感じています。先生のお話は、日本人として生まれて、YAPの話もそうですが、これから社会の中で生きていく上で自分がどのように生きるかというヒントをいただけるお話ではないかと感じております。長々とおしゃべりしてしまいましたが、ありがとうございます。

図2－1

図2－2

図2－3

図2－4

図2－5

図2－6

図2−7

図2−8

図2−9

図2−10

図2−11

図2−12

図２－13

図２－14

図２－15

図２－16

図２－17

図２－18

図２－22

図２－19

図２－23

図２－20

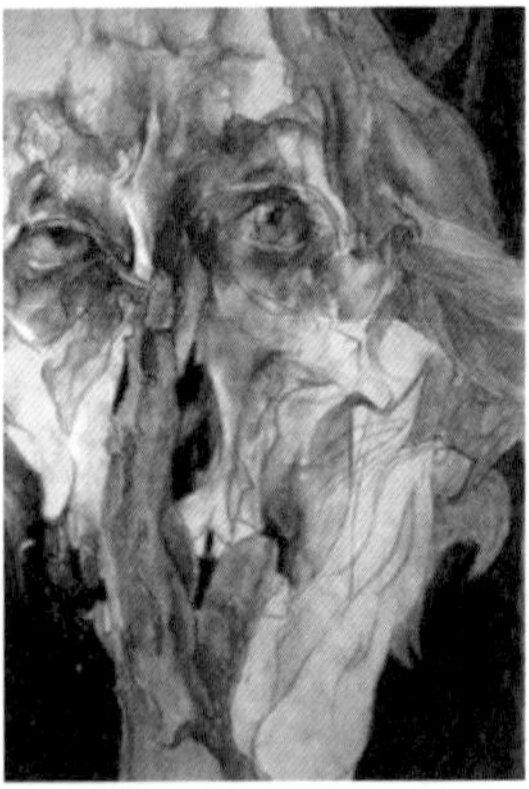
図２－24

図２－21

図２－25

図２－26

図２－27

図２－28

図２－29

図２－30

図２－31

図２－32

長堀優先生のお話

今日のお話でいろいろ響くところがあったんですが、私は昭和33年生まれで、333メートルの東京タワーができた年、背番号3の長嶋がデビューした年、さらには中3トリオが生まれた年で、3に縁があります。今、666の半分に模せられて、とてもがっかりしたんですけれども、（笑）それに反抗すべき運命があるんだろうなと思っています。

先ほど、日本のことがいろいろ出てきましたけれども、思い出すのはモーツアルトのオペラの「魔笛」で、外国に行ってオペラを見ると、必ず「魔笛」になってしまうんです。モーツアルトも、実は日本のことをわかっていました。主人公のタミーノは日本人です。「日本の狩衣を着る」と、シカネーダーが書いているんです。初めに大蛇と戦いますが、あれはスサノオです。鳥刺しのパパゲーノは、籠の鳥を背負っています。あれは覚醒しない日本人です。試練を経て目覚めていくタミーノは、火と水の王です。火と水というのは縦と横の神で、天皇家の人であると言われていますが、あれは神道の目覚めを言っています。ですから、モーツアルトは、日本人がとても大事なんだよということを「魔笛」で言っているんです。

芸術はこうやって残っていって、実は大切なメッセージを伝えることができるということだと思います。残念ながらモーツアルトは、そういった秘密をばらしてしまったので殺されてしまいました。

そういった思いに日本人が気づいて応えていかなければいけない時期が来たんだなということを、今日は改めて感じました。ありがとうございました。

1人の覚醒は宇宙とつながっている　日本人が覚醒しないと地球は滅びる

私1人の気持ちが変わっても世界は変わるはずがないでしょうと、よく言われますが、それは全く根拠のないことです。現代物理学がたどり着いているのは、1人の意識は宇宙とつながっているということです。

それに最短でつながっているのが、日本人を中心としたアジア人です。我々一般人の意識が覚醒しないと、21世紀に人類は滅びる危機を迎えます。

旧約聖書のヨブ記に、「我々はプレアデスの鎖をつなぐことができるか。オリオンの綱を解くことができるか」と書かれています。そこに命令を下したのはシリウスです。プレアデスは全て、日本人を中心としたシリウスに命令されて、食物連鎖の世界中の生命体をつくり上げたわけです。それは鎖のように強い。それをつながなければいけない。

オリオンは、モノとカネで、物質文明を花開かせました。それを解かなければいけない。それが21世紀の課題です。そうでないと、人類は滅びるのです。それを救えるのは我々の覚醒以外にない。１人の意識の変革が３００人に効果を及ぼす。バタフライ効果です。

そこに期待を込めて、ぜひ皆さんと意識をともにして生きていきたいと思います。

今日は長い間ありがとうございました。

第3章

近代アートの流動性と霊派［REISM］の普遍性

はじめに

中世の宗教画の時代が長く続きましたけれども、フランス革命を機に印象派が花開きまして、フォービスム、キュービスム、シュールレアリスム、象徴派、ポップアートと、さまざまなジャンルのアートが乱立して現在に至っています。

その全てを統括して、私はその上のあの世のアートを15～16年前から手がけまして、印象派とかフォービスムとかキュービスムに匹敵するタイトルをつけようということになって、私は霊イズムと言ったのですが、イズムだと哲学的な用語になってしまうので、REISM（霊派）というところで落ちついて、REISMを提唱してきました。

実は私は子どものころから雑学者で、勉強しないで雑学ばかりやっていたのです。小学校のときは、「偉人伝」とか『ファーブル昆虫記』とか『シートン動物記』とかいう本を、学校の図書担当の人に頼んで入れてもらって、そのころから命の問題にずっと取り組んできました。

一昨年（２０１８年）の12月からヒカルランドからシリウスVSオリオン関係の本を2冊出して、去年（２０１９年）の８月には『奥伝の関節医学』という本を出しました。

関節医学の頂点は実は日本で、関節がよくなれば、肩凝り、腰痛、頸椎、全部治るのです。熊坂（護）先生と私が35年研究して、実はこの本の内容は私が全部執筆したのです。今まで治らなかった人が熊坂先生と私の施術で治って、オリンピックで金メダルを取った写真も載っています。

去年は、６回に分けて１回４時間、半年かけてカバラの講義をやって、その本（『カバラ日本製』）が３月24日に出ます。

今回のＲＥＩＳＭについての講義も本になる予定です。

シリウスVSオリオン、カバラにつながる流れは、実はムダなく全部１つの流れに乗っています。

２０１２年は、日本人が世界を救うためのミッションの幕開きの年なのです。これは『ガイアの法則』で千賀さんが書いています。かなり前に上・下巻がヒカルランドで出されているので、ぜひ読んでください。

白人の文明が2012年に終わった

世界の文明は805・5年周期で西洋と東洋で入れかわってきたのです。

これはどういうことかというと、地球はグルグル回っていますが、地軸がちょっと傾いているので、わずかにぶれて回ります。これを歳差運動といいます。銀河を1周するには相当な年月かかるのですが、16割る2で805・5年周期で、実は人間は丑三つ時に魂が覚醒するのです。そのときに銀河系のどこの位置の銀河の波動を受けるというラインができて、そこの人類が覚醒する。これはどうにもならない1つのエネルギー波なのです。

世界の文明は、シュメール、インダス、メソポタミア、ガンジス、ギリシャ、唐、アングロサクソンと入れかわってきました。アングロサクソンはイギリスの白人系です。2012年にアングロサクソンの文明が終わったのです。

16は、8プラス8の数字であると同時に、天皇の十六菊紋の秘数でもあるのです。

カバラについては、数百年、数千年にわたって何が何だかわからない状況で来ているにもかかわらず、世界の学者とか陰謀論者が、カバラは極めて大切な秘数だと言っています。

ゲマトリア数秘術とか、カバラ数秘術、タロットカード、トランプ、花札も含めて、私は随分研究しました。結局、わからなくさせたのです。なぜなら、カバラは我々日本人の祖先がつくったものなのです。私は半年かけて、これを全部証明しました。人が何と言おうと私はかまいません。証拠は膨大に出したので、今月末に出る『カバラ日本製』をぜひ読んでみてください。そこに日本人の秘密が隠されています。

白人の文明が２０１２年に終わったのです。それで日本人が本気を出した。日本人の文化の裏には八咫烏という組織があるのです。第二次世界大戦前までは、日本ではカラスは聖なる鳥でした。でも、戦争が終わったら悪い鳥にされてしまいました。とんでもないです。

カラスは神の使いなのです。

伊勢神宮の主神は３本足のカラスの八咫烏です。天皇は毎年伊勢神宮に初詣でします。

サッカーの日本代表の胸には八咫烏のマークがついています。なぜ伊勢神宮の主神のマークをサッカーの日本代表だけがつけられるか。ほかのスポーツ団体はなぜ文句を言わないのか、私は疑問に思っていました。

その理由は、サッカーは日本人の祖先がつくったからです。将来、人類がたくさんふえても争わないようにやるにはサッカーが一番いいのです。サッカーの人数は11人です。すると、カバラの11のセフィロトがひもとけるわけです。

この世は11次元でできているということを、ウイッテンという学者がひもときました。

4次元まではアインシュタインですが、リサ・ランドールが、4次元の上の5次元を提唱しました。

点は1次元です。点が動いて線になると2次元ができます。太陽を中心に水金地火木土、1つのフィールド（場）に乗って星が回っています。ケプラーが、星の運行のケプラー方程式で2次元を生み出したわけです。それに重力という3次元の概念を取り入れたのがニュートンです。微分積分方程式は3次元をひもとくわけです。

それに時間の概念を加えたのがアインシュタインです。光の速さで飛ぶと時間が止まるとか、エネルギーが無限大に必要だという $E=MC^2$ という有名な方程式がありますけれども、アインシュタインはそれで宇宙を全てひもといたつもりだったのです。

ところが、その上にもう1つ次元があったわけです。95％以上の宇宙の物質が闇に隠れていてわからなかったのです。それがダークマター、ダークエネルギーです。実は、それが人間の潜在意識と同じ比率なのです。我々はほとんど潜在意識でできている。

潜在意識が一番発達しているのが、実は日本人なのです。日本人は、初めて会った人でも、顔の表情を見てちょっと話をすれば、この人が自分と合うか合わないか、すぐわかります。

日本人は、夫婦でも毎日チューしたりハグしません。外国人は潜在意識が発達してないから、愛していると言ったりハグしたり、あるいは初対面の場合は握手しないと、誠意が伝わらないわけです。日本人は、「こんにちは」と言って一礼すれば、全てが通じます。

脳の中の松果体は、宇宙の信号の受信装置です。それが一番発達しているのが日本人なのです。頭蓋骨の割れているところに3つ目の目があります。

『三つ目がとおる』という手塚治虫の漫画があります。主人公は、おでこに絆創膏を貼っているときは「ボクチャンは」とか言っているけれども、何かの拍子で絆創膏が取れたら、街を破壊するような超能力少年に変身するわけです。これはまずいということで後ろからソーッと近づいて絆創膏をペタッと貼ると、また「ボクチャンは」に戻ってしまう。手塚治虫は医学博士なので、日本人の秘密を知っているのです。

12次元にカバラの設計図がある

11という数字が、ことごとく日本に封じ込まれています。例えば、十一面観音。11、11、11でカバラを追っていくと、実はその上に12があったわけです。一昨年（2018年）、私があの世に行ったときに、12という世界に行ったのです。

ここにカバラの設計図があるわけです。ビッグバンのところまで意識がずっと飛んでいって、その中にスッと潜り込んだら、真っ暗闇の中に、１つが直径１００メートルぐらいの輪っかが11個あって、その間がメラメラメラメラ燃えるようにレインボーカラーに燦然と光っているのです。あれは私が今まで見た夢の中で一番美しい光景でした。天使が小脇にデータを抱えてビッグバンの通路からやってきて、スイスイ飛んでこの宇宙をつくっている光景が見えたのです。

それが12なのです。12と言えば、12カ月、お月様です。

月を神の星として、月の伝説があるのは、実は日本だけなのです。それがかぐや姫伝説です。

人間の体も月のエネルギーで全部できているわけです。女性の体も月のエネルギーで動いています。男はそういうところが鈍感なのです。

今の時代がこのまま発展していったら、いずれ滅びる。そのときが来たら、海を隔てた東の日の出る国の民が海を渡って救済の民族として訪れるだろうということが、旧約聖書以前の「死海文書」に書かれています。救済の民族として日本人が目覚めるのが２０１２年なのです。

それでは、私たちはどうしたらいいのでしょうか。私は前々から知っていたので、カバラからREISMにつながってきたのですが、実は人間の心も体も全部カバラで設計されているのです。

その1つの証拠として、あばら骨は12対あります。月の秘数でできている。それから、手と足をグルンと回すと、人間の体は円の中に入ります。骨、肘、肩、脛、全部月が入っています。つまり、全部月でできているのです。なぜ月を使ったのか、言語学者もわからない。カバラの前に既に人間の設計図が組み込まれていたわけです。

旧約聖書の創世記の第1章に、「この世は混沌とした闇であった。まず光があった」とあります。そこから、月曜日、火曜日、水曜日、木曜日と、この世をつくり始めたわけです。山をつくり、星をつくり、川をつくり、ずっとつくってきて、木曜日で自然界のものは大体全部でき上がりました。

そこまでは第一人称で、私は私は……で来たのが「我々は」という複数形になって、我々は神に似せて人間をつくろう。それが全て金曜日にでき上がって、土曜日、日曜日がホリデーになったのです。

カバラをひもとかないとＲＥＩＳＭも説明できないのですが、カバラに全部日本語が当てはまるのです。阿吽《あうん》の呼吸といいます。神社に片方が口をあいて片方が口を閉じている狛犬がありますが、あれが阿吽です。アとンはこの世とあの世なのです。全ての言語の中で唯一、口を閉じたまま発音できる言葉がンです。

これがシリウス、プレアデス、オリオンとなったときに、「死海文書」に書かれている救済の民族。シリウスはアタマで、プレアデスはサハラで、オリオンの連中はカナヤです。オリオンが、モノとカネで幸せになるような文明を20世紀まで数千年にわたって続けてきました。裏にいるアーリア人の連中からそそのかされて、ホロコーストにつながるナチスの原型でもあります。オリオンの人が全部悪いということではなくて、アーリア人の一部のマフィア軍団です。

でも、世界はもう限界に来ているのです。肉体にとって都合のいい発展ばかりでは、人間はもう幸せになれないということです。今、我々は、どこのお店に行っても一言も口をきかないでショッピングできます。昔は、お店の人と世間話をしながら買い物していました。でも、今は誰とも話をしなくても暮らせます。文明が肉体に都合のいいように発達してしまった。

それと反比例して、心がどんどん寂しくなっていったわけです。心が成長しなくてもいい時代にしてしまった。

カナヤというのは金属加工業です。小さなものではコンピューターチップとか、いろいろなＩＣ機器とか、細かい部品も全部金属です。大きなものでは、船をつくったり、飛行機をつくったり、ビルを建てる。それが限界に来ているのです。

旧約聖書の「ヨブ記」に、「我々はプレアデスの鎖をつなぐことができるか。オリオンの綱を解くことができるか」と書いてあります。オリオンの綱を解かなければ人類は滅びると預言されているのです。世界中がサハラ砂漠になってしまうということです。

サハラ砂漠というのは、広大なる敷地とか、砂漠の代名詞みたいに思われていますが、サハラ砂漠の語源を調べてもどこにも出てきません。でも、カバラでひもとけるのです。

そのときに世界を救うのは、頭の民族のシリウス、つまり我々なのです。今日のＲＥＩＳＭの目的は、我々が世界を救う民族だという証拠をたくさん出すことです。それをどう考えるかは、皆さんの判断にお任せします。

私は、とても大切なことなのに誰も言わないことを何十年も言ってきましたが、友達はいなくなるし、誰からも相手にされません。自分が自分のパトロンにならないと次の時代のアートをやれないということで、私は27歳のときから、自宅でテニスクラブをやって、ガス会社をやってきましたが、こういう話をテニスクラブのお客さんに言うと嫌がられてお客さんが減ってしまうのです。だから、なるべく無口でテニスクラブの留守番をやっていました。（笑）

でも、私の時代が来た。ヒカルランドさんとつながって、本を出すことができました。

カバラには3原色がある

カバラには3原色があるのです。

まず、青の柱のシリウス。青は日本の色です。最近、東京都内のタクシーが新型の藍色のタクシーになっています。

プレアデスは黄色です。

プレアデスが牛耳ったのはフランスとスペインです。だから、フランスとスペインのポストは全部黄色です。フランスのメイソンがニューヨークをつくったので、ニューヨークのタクシーはイエローキャブです。

アーリア人の権現のロンドンのタクシーは黒です。

オリオンの連中は赤です。だから、イタリアのフェラーリは赤です。2階建てのロンドンバスも赤です。

私は各国の国旗も色別に全部カバラでひもときました。

信号は、緑、黄、赤です。やつらは日本人が憎らしくてしょうがないので、青ではなくてグリーンにしたわけです。だから、海外ではグリーン、イエロー、レッドと呼びますが、日本では緑信号とは言わずに青信号と呼びます。

また、日本では、青々とした山並み、青い山脈といいます。あれが緑の山脈じゃ、映画にならない。日本人は青なのです。

光をスペクトルで分けると、一番波動が細かくてエネルギーが強いのが青なのです。だから、光を分光すると、一番屈折率が高い青が一番下に出ます。

赤は一番エネルギーがないので、一番上に出ます。

真ん中に黄色が来て、その間に7色のレインボーカラーに光は分けられます。我々は、エネルギーが一番強くて、すさまじいのです。

私は会社のカネをどんどん使い込んで海外に行ったりして、いろんな人に会いました。

手前味噌の話になりますが、どういうわけか世界的な方はみんな私のことをおもしろがってかわいがってくれるのです。でも、一般の方はみんな私のことを毛嫌いして遠ざかっていったという構図があるので、これは生きているうちは世に出られないなと思っていたけれども、ヒカルランドの石井社長の高い理念で拾い上げられて、非常に感謝しています。

2012年から、精神、心、魂にとって都合のいい時代に突入する

これから日本人がどうするかなのです。新しいビジネスを開発するのはなかなか難しい時代になっています。あらゆる産業が、誰かが既にやっている。儲かる商売だと思ってやり始めると、その利権は、あっという間に資本力のある業者に

乗っ取られてしまう。

これからは肉体にとって都合のいい時代ではないのです。2012年から、精神、心、魂にとって都合のいい時代に突入します。だから、基礎からはかると666メートルの高さの東京スカイツリーを2012年につくったのです。

メイソンの連中は、日本人を頭打ちにしないと自分らの利権が抑えられてしまうので日本をダメにしようと思って、半分のエネルギーしか出ないように333メートルの高さの東京タワーを建てたのです。

我々日本人、特に本土のYAPマイナスの人たちは、二重螺旋のDNAで1つのDNAに333の塩基が乗っかっている。666なのです。だから、やつらは666を悪魔の数字とチェンジしてしまって日本を封印するわけです。

ビッグバンの前は12次元です。全ての宇宙をつくるカバラの設計図も、そこでできたわけです。その上に神の領域があって、それが13次元です。実は、我々YAPマイナスはそこまで知っているから、13を秘数としているのです。だから、彼らは13日の金曜日ということで13を忌み嫌っているわけです。

では、金曜日というのは何なのか。人類はシリウスのYAPマイナスが主導してつくったのです。ヤハウエと、その長男のルシフェル、次男のミカエルを中心にやったわけです。琴座のベガ星人を使ってプレアデスをつくって、オリオンをつくって、オリオンは最後のころなのです。

13日の金曜日というのは、シリウス主導だということを封印するためにやったわけです。月曜日、火曜日、水曜日あたりから、地球上に生命の組成をつくるときに膨大なる天使が協力したのですが、そのリーダーがルシフェルでした。それがおもしろくないので、ルシフェルを堕天使ルシファーにしてしまった。つまり悪魔にしてしまったのです。

これはおかしい。ルシフェルは、唯一、12枚の羽を持っていて、3分の1の天使をまとめていた大天使だったのです。ミカエルとかガブリエルとかの羽は6枚で、下級天使は2枚で飛んでいます。羽の数は天使の象徴で、そのエネルギーをあらわしています。宇宙は心のエネルギーの塊ですから。

漢字の中に日本人の秘密が隠されている

漢字の中に日本人の秘密が隠されています。日本の全ての漢字は宇宙の秘数でできています。外国語は基本的にアルファベット26文字です。ヘブライ語、コプト語、フランス語、ドイツ語、イタリア語等々、大文字と小文字の違いだけで、全て1種類の文字でできているのです。世界に約７０００種類の言語がありますが、その中で日本語だけが４つの文字を使い分けているのです。漢字、平仮名、片仮名、ローマ字、この４つを自由自在に使い分けている。日本人はできが違うのです。

漢字には全ての秘密が隠されています。人間の脳というところに大きなポイントがあるのです。これを説明してから本題に入っていきたいと思います。

脳も月のエネルギーに影響されています。

アメリカが月に行って月の石をとってきて年代測定したら、月の石は地球の年代より古いことがわかりました。月は、太陽の直径の４００分の1で、地球から月の４００倍の距離に太陽があります。実は、月は人工天体なのです。なぜなら、月がなければ地球に生命ができなかったからです。

ウミガメは満月の夜に産卵します。

問題は、「脳」という漢字です。右側の囲んであるところは頭蓋骨で、その中にあるのは心の変形文字です。頭の中に心が入っている。「心」に１本足すと「必」になります。この１本がなければ脳が作動しないという秘密が隠されている。つまり、「心」が「必」にならなければダメだというのが「脳」の意味なのです。こんなことは誰も言ってないと思います。国語の先生に言うとバッテンです。私は好き勝手なことを言っているから、いつも先生とトラブルになっていました。

三辰《さんしん》からエネルギーが降りてくるのが心で、そこに宇宙からの神の意識が１本入ると必然になるのです。心が動き出す。これが愛です。ＩＴが進んで、心の問題までは量子コンピューターで到達できる可能性があるけれども、コンピューターに愛を入れることはできません。

愛が宇宙のエネルギーの本質なのです。それが「脳」という字に隠されています。

愛の満ち潮と愛の引き潮が極端に行くと名画が生まれる

必然の「必」から出る神のエネルギーを取り入れて仕事をするのが、実はアーティストなのです。

心に響く名画、それを見たら人生が変わるぐらいのエネルギーを持っている名画をカバラのノウハウでひもといてみたら、名画には1つの秘密があったのです。「必」を愛としたときに、愛の引き潮と満ち潮が極端まで行った人が名画を生み出しているわけです。

愛を失った心に宇宙から必死で愛を入れようとするときに、名画が生まれるわけです。

逆に、ものすごく愛に満ちあふれて幸せの絶頂のときに描く名画もあります。

愛の引き潮、満ち潮が全く関係なくて平坦なときには、風景画を描いても、静物画を描いても、抽象的な絵を描いても、エネルギーの波動が見る人に伝わらないわけです。

だから、非常に不幸を味わった人は、今、何かとてつもない仕事ができるチャンスのフィールドにあると思ったほうがいいです。

愛の満ち欠けによる名画の秘密

愛の満ち欠けによる名画の秘密から、ＲＥＩＳＭに入っていきたいと思います。

今日の目標は、日本人のあり方にたどり着いて、皆さんと一緒に考えていくことです。私はいかにも知ったかぶりしていろいろ情報を提供していますけれども、あくまでも皆さんに活用してほしいという気持ちで言っているのです。

愛の満ち潮の画家としては、青木繁、クリムト、モディリアニ、ワイエス、オキーフ、ヘンリー・ムーアなどが考えられます。

愛の引き潮の画家としては、ゴッホ、ポール・デルヴォー、田中恭吉、曽我蕭白、ゴーギャン、フリーダ・カーロ、ジャコメッティなどが考えられます。

なぜ名画は誕生したのか。愛の満ち潮・引き潮が関係します。

観念があって、それが激情に変化する。自虐的精神（ダダイズム）、劇薬の耽美主義、サイコパス、ソシオパス、ナルシシズム、時間と空間を超越するＲＥＩＳＭ（霊派）ということでまとめたのですが、１つ１つをひもといていくと、全体の概念がおぼろげながら見えてくると思います。

天才を育てた女性　アルマ・マーラー

アルマ・マーラーという女性がいます。アルマは天才を育てた女性と言われていて、20世紀最高の作曲家のグスタフ・マーラーの作品にことごとく関与しているだけでなく、マーラーの作品中16曲はアルマが作曲したという説もあります。マーラーも男としてのプライドがあるから、おまえは黙っていろ、俺がつくったことにしてくれということで、世界的作曲家マーラーが生まれたわけです。マーラーはアルマと別れてからは、いい曲をつくれなくなりました。

その後、アルマは、ドイツのバウハウス運動の創始者の人とか、オーストリアの著名な小説家とか、３回結婚していて、クリムトとは結婚しなかったけれども密接な関係で、クリムトの「接吻」とか「抱擁」のモデルはアルマだと言われています。クリムトも、アルマと別れたら、こういう絵は一向に描けなくなってしまいました。クリムトはアルマと出会わなければ傑作を残せなかったということです。クリムトの裏にアルマがいたのです。また、アルマはココシュカとも密接な関係でした。

世紀末ウィーンの３大巨匠はココシュカ、エゴン・シーレ、クリムトですが、彼らを育てたのがアルマです。アルマのすごさは、実力があって世界を変えられるような男の裏にそっと隠れてそそのかして、その男に実績を残させるのが得意だったということです。

女性が先頭に立つと、一歩間違うと残虐な歴史をつくりかねないのです。西太后も大変な虐殺をしています。

この後、著名なアーティストを育てた絶世の美女を何人も紹介しますが、大概はアーティストから捨てられて気がふれてしまったり、いい人生を送ってないのです。そういう女性とは一線を画すのがアルマです。

アルマは、１人ぐらいにそっぽを向かれても関係ない。彼女の感覚は男のはるか上を行っているからです。彼女のすごさは、両性具有の感覚を持っていることです。男と女の両方の意識を持っている女性で、こういう女性には男は歯が立たない。

歴史上、両性具有の女性は何人もいません。あと、私が思い当たるのはクレオパトラです。これもすごいです。少女時代からアレキサンドリア図書館の本をことごとく読んで、博学中の博学でした。クレオパトラは映画でも何でも絶世の美女ということになっているけれども、決して美女ではなかった。でも、彼女と話したらとりこになってしまうのです。

これと似た話があって、中国で一番もてるという男がいる、ぜひ会いたいということで西太后が宮廷に呼んだら、この世で一番醜い男だったので、なぜこの男がもてるのかわからないけれども、せっかく呼んだのだからちょっと話をしてみようということで話をしたら、夢のような世界に引きずり込む話術の持ち主だったのです。

だから、皆さんは美人ぞろいですけれども、黙っていてはダメなのです。（笑）

これは11次元の世界のコンセプトですが、ＲＥＩＳＭは12次元なのです。

ロダンとカミーユ・クローデル

ロダンは36歳から40歳の間ぐらいのときは既に著名な彫刻家で、ロダンの工房には門下生がたくさんいて、17〜18歳のカミーユ・クローデルもその中にいました。彼女は天才でした。それにロダンはいち早く気づいて、彼女と密接な関係になったのです。そのときロダンには奥さんがいたけれども、絶対おまえと一緒になるからということで、カミーユ・クローデルのノウハウをことごとく吸収したわけです。それでロダンは次々と傑作を残せたのです。

カミーユ・クローデルは美しい女性でしたが、26〜27歳のころにロダンからおまえとは一緒になれないと言われて、30歳になる前に精神に異常を来して精神科病院に入って、三十幾つで自殺してしまいました。

［図３－１］（２６６Ｐ）これがカミーユ・クローデルの彫刻です。カミーユがロダンにすがっているけれども、２人の指が触れているか触れていないか、カミーユが置いてけぼりになってしまっています。彼女は、愛の引き潮で傑作を次々

と残せたわけです。

ロダンは、愛の満ち潮でカミーユ・クローデルのエネルギーを吸い取って傑作を残しました。

ロダンとカミーユ・クローデルの愛の満ち潮と引き潮が約十年近く続いたわけです。

【図3－2】これもカミーユ・クローデルの彫刻です。カミーユは日本の文化も研究していて、この作品は北斎の「神奈川沖波裏」の波の中にロダンと自分が入っています。ロダンにはこんなものはつくれません。

【図3－3】これはロダンの彫刻で、カミーユと自分の蜜月関係をあらわしています。ロダンは弟子がたくさんいるから、ツルツルに美しく仕上げていて、できはいいです。カミーユに協力する弟子はいないから、カミーユの作品は荒々しいけれども、心を打つのはロダンではなくてカミーユのほうです。

【図3－4】これもロダンの彫刻です。大理石のように美しいものをつくる。ロダンはカミーユとの愛の満潮で傑作を次々に残したわけです。

カミーユが自殺した後、ロダンはぱったりと作品をつくれなくなってしまいました。それで何十年とかけて「地獄の門」の制作に携わったわけです。「地獄の門」のレプリカが上野の国立西洋美術館の横にありますが、あれは実はいまだに未完成なのです。評論家の人はわからないけれども、アートをずっとやってきたし、カミーユとロダンの心のやりとりも知っていたから、私にはわかるのです。

【図３－５】これはロダンの「考える人」です。

【図３－６】「考える人」は、実は日本の弥勒菩薩がモデルなのです。右の手、左の手、同じです。ロダンは弥勒降臨を知っていたのです。いずれカミーユの魂を降臨させたい。カミーユの弔いのために、ライフワークとして「地獄の門」をやったわけです。このときに初めてロダンは愛の引き潮で傑作を残せたのです。

ゲーテとウルリケ

『若きウェルテルの悩み』とか『ファウスト』を書いたゲーテは、１８３２年に82歳で亡くなっています。ゲーテは75歳のときに、チェコの貴族の娘のウルリケという20歳の女性と恋に落ちました。ウルリケは大変な才女で、ゲーテの文才にぞっこん惚れて、2年ぐらいつき合って結婚の約束をしたのですが、ウルリケの両親や親戚が大反対して、ある日突然、家を売り払ってウルリケを連れて引っ越してしまって、2人はそれっきり会えなくなりました。

その5～6年後にゲーテは死んでしまいました。ゲーテの訃報を新聞で見たウルリケは、ゲーテとやりとりした書簡を焼いて、その灰をロケットに入れて首から下げて、一生独身を貫いたのです。

でも、ゲーテはウルリケと別れた後、傑作を次々に残しています。これも愛の引き潮と満ち潮が関係しているのです。

セロニアス・ムンク

【図3－7】（267P）これはムンクの「叫び」です。ムンクは幼少期に母親を亡くして、お姉さんも14歳のときに病気で死に、その後、弟も死んでしまいました。弟の訃報を聞いて間もなく、フィヨルドの街で突然叫びを聞いたわけです。

彼は一生、自分の身近な人がいつ死んでしまうのかという恐怖の中で生きたのです。でも、その悲劇がなければ世界のムンクは生まれなかった。

青木繁

【図3－8】これは日本の洋画の幕開きの画家青木繁の「海の幸」です。
青木繁は28歳で死んでしまいました。10人描いて、白い顔の女性をプラスして11にして、カバラになっています。

【図3－9】白い顔の女性のモデルは福田たねです。福田たねは栃木県の生まれで、私の家からクルマで10分ぐらいのところに福田たねの実家があって、その近くの小川のほとりに2人が密会した場所があって、青木繁の記念碑が建っています。

福田たねは豪商の娘で、青木繁が幾ら才能があるといっても親が大反対して、たねが身ごもっているのに2人を別れさせたのです。

【図3－10】これは「わだつみのいろこの宮」です。これもちゃんとカバラになっています。

2人とも海が好きで海に何度も潜っていて、海の底から福田たねを見たときに、ミューズ（女神）に見えたのでしょう。そのときの光景だから、バックが海草なのです。これは青木繁が愛の満ち潮で描けた傑作です。

青木繁と福田たねの間に生まれた子どもが福田蘭堂で、その子どもで青木繁の孫がハナ肇とクレージーキャッツの石橋エータローです。

青木繁は、福田たねと無理やり別れさせられて福岡の実家に戻った途端に、夕焼けの絵とか、海の絵とか、村の絵とか、中学生レベルの油絵しか描けなくなって、その2～3年後に死んでしまいました。青木繁は、福田たねと一緒じゃないと天才性をあらわせなかった。

フィル・スペクター

ビートルズが出る前に、クロスオーバーで全ての音楽をアレンジメントする天才がフィル・スペクターです。

ルイ・アームストロング

ベトナム戦争に出兵する20歳前後の若者の前でルイ・アームストロングが歌ったのが、「この素晴らしき世界」です。このときの若者の3分の1ぐらいは死んでしまいます。私はその動画を見たことがありますが、みんな感動して涙を流していました。実はそのとき彼は、マネージャーにだまされて文無しになっていたのです。

曽我蕭白の最高傑作「柳下鬼女図」

曽我蕭白は天才です。文無しで放浪しながら、お寺のふすま絵を描いて食べさせてもらったり、酒代のかわりに絵を描いたり、物乞い同然の暮らしをする中で傑作を残しました。

大野一雄先生と私で曽我蕭白を全部ひもといたのですが、曽我蕭白の絵には宇宙が見えます。

［図３－11］これは彼の最高傑作の「柳下鬼女図」です。自分の子どもが死んでしまったお母さんが鬼に変身して柳の下に立っている姿を描いたものです。角が生えていて、目玉はロンパリになっています。余りにも嘆き悲しんで、鬼のような顔になってしまっている。

でも、大野先生と私は、これほど美しい女性の顔は見たことがないと思いました。

曽我蕭白は、生きるか死ぬかという生活をしていたのです。だから、愛の引き潮で描けたわけです。

ヘンリー・ムーア

［図３－12］ヘンリー・ムーアは、典型的な愛の満ち潮の彫刻家です。実にアットホームな家族の愛を表現しました。

バルテュス

［図３－13］（268P）バルテュスは、あんまり大した絵は描いていないけれども、日本人の奥さんをもらったら、目がすごく開いてしまったのです。年は大分離れていますが、節子夫人は献身的にバルテュスを支えました。それでバルテュスは日本人の心の奥底を知った。だから、20世紀最後の巨匠とピカソが言ったバルテュスが生まれたのです。バルテュスは満ち潮の典型の画家です。

ウッドストックと吉田拓郎らの嬬恋コンサート

ヒッピーがはやっている時代に、反戦と、今の文化の成長ではなくてシンプル・イズ・ベストの生き方をしなければ人間の心は豊かにならないということで、ウッドストックで開かれた野外ロックコンサートに何十万人というアメリカの若者が集まりました。今こんなことをやったら、たぶんＦＢＩやＣＩＡから許可がおりないでしょう。

実はこの動きは、2012年から日本人がやることなのです。

これに触発されて吉田拓郎とかぐや姫が嬬恋で6万人コンサートを開きましたが、それでもウッドストックの何分の1かです。

『ピーターラビット』ビアトリクス・ポター

『ピーターラビット』の作者のビアトリクス・ポターは、大富豪の貴族の娘ですが、親が毎晩のように社交界のパーティーに出かけたり、いつも忙しくて全然構ってもらえなくて、休みになると、おばさんがいるイギリスの湖水地方に預けられていました。一緒に遊ぶ人が誰もいないので、野ウサギを育てたり水車小屋の絵を描いていて、それを絵本にしたわけです。つまり、『ピーターラビット』は、愛の引き潮で描けたわけです。

『ピーターラビット』は世界中で売れました。その印税で、若い不動産屋がポターの理念をくんで各農家と交渉して破格値で湖水地方の土地を買い占めてくれたのです。これがナショナルトラスト運動の原型です。ポターは彼と結婚しますが、その途端に『ピーターラビット』を描かなくなったのです。やっと心が満たされたからです。本当は自分が築きたかった理想的な愛の家庭の光景をピーターラビットに託して描いていたけれども、実生活で満たされたので、もう絵本を描く必要がなくなったわけです。

それと反比例して『サザエさん』の作者の長谷川町子さんは、サザエ御殿と言われるぐらいの豪邸に住んで、一生独身でした。長谷川町子さんと結婚する人は誰もいなかった。1週間か2週間に1回、買い物でちょっと姿を見るぐらいだったそうです。長谷川町子さんはポターのような家庭を一生持てなかったから、『サザエさん』のような家庭を漫画で描いたわけです。

でも、私は子どものころから『サザエさん』が大嫌いでした。この家庭はフェイクだ、現実感がないと思っていたのですが、そのとおりでした。だから、死んだ後で町子さんとポターがあの世で一緒に暮らす、超対称性のアートをつくろうと思っています。それがＲＥＩＳＭの後でつくる私のテーマの流れです。

私は3メートル後ろが断崖絶壁だと思って生きてきた

人間の心は、愛の引き潮になるか満ち潮になるかによって、トランス状態になるわけです。そのときに神のエネルギーに近づくのです。それが自然の摂理じゃないでしょうか。平々凡々としていると刺激がないから、わからないわけです。だから、幸せだというのは案外よくないのかもしれない。幸せを求めてはいけない。不幸のどん底を求めないといけない。断崖絶壁まで行かないとわからない世界があるのです。

私は3メートル後ろが断崖絶壁だと思って生きてきました。前に3歩進んで後ろを振り向いたら、また断崖絶壁が後ろに迫ってきている。要するに、ぎりぎりの精神状態にならなければ、やる気が起きないのです。

私は大学を3カ月でやめてしまって、中野区の野方の家賃1万2000円の安アパートで暮らして、食費を削って飲まず食わずで絵を描いていました。そしたら栄養失調になってしまって、風邪を引いて40度ぐらいの熱が出て1週間ぐらい寝ていたら、体力がなくなってベッドからおりて水も飲めなくなったことがあります。

そのとき、親から電話がかかってきたのです。部屋には電話がないので、大家さんがドアをノックしても応答がないので合い鍵であけて入ってきて、このままではこの子は死んでしまうと親に連絡したら、おふくろに家に戻ってこいと言われたのです。

おふくろに、お巡りさんは3日に1回泊まりがあって、その次は非番公休で2日休みになるから絵が十分描ける、お巡りさんになったらどうかと言われて、そうかなと思ってお巡りさんになったのです。

そのうち篠崎は絵を描くのがうまいという噂が広まって、非番公休で寝ていられなくなってしまった。こっちは眠いのに、篠崎、早く描けと言うのです。第一勧銀足利支店への銀行強盗とか、いろいろな指名手配の似顔絵を描かされるわけです。描くと１００枚ぐらいコピーをとって県下一斉配備。

こんなことをやっていたのではお巡りさんをやっていてもしょうがないと思って、27歳から自営業を始めたわけです。

それで、ぎりぎりの状態にいかないと人間はダメだなと悟りました。人間は、ぎりぎりの断崖絶壁に行くと、人智を超えた別次元の発想にたどり着くのです。

そうやって生きてきて、やっとここ数年、決定的な愛の引き潮、満ち潮が人間に大きな刺激を与えるのだと気がつきました。

今は、地球が1000回なくなるほどの核を保有している時代です。核戦争になったら、あっという間に滅びます。日本は水爆4発で終わる。今の水爆は核融合なので、昔の原爆の1000倍以上のエネルギーがあるのです。

私はガス会社もやっていますけれども、90歳ぐらいのおばあちゃんの家に集金に行くと、「明日、世界が終わっちゃうような時代に入りましたね」と言うので、びっくりしてしまいました。みんなそういう意識を持つ時代に入ったのです。

だから、究極のアーティストの先にREISMで、人類を救うのは日本人なのです。

クロード・モネ

睡蓮の絵で有名なモネは、幸せそうな絵描きだと思われるかもしれないけれども、裏にはとんでもない秘密があるのです。

［図3−14・15］これは「日傘を差す女」です。子どもがいて、この女性は母親です。この絵の女性には目が描いてあります。

でも、この女性は死んでしまって、その後に描いた同じ構図の絵の女性には目が描かれていません。

この2枚の対照で、モネの感覚が決定的に変わってしまったのがわかります。2枚の「日傘を差す女」に、モネの愛の満ち潮と引き潮があらわれているのです。

それで到達したモネの一生のライフワークが「睡蓮」です。

お釈迦様は睡蓮の台座の上に載っています。泥の中から咲く、あの世の花が睡蓮です。地獄から天国の花。

巨匠になったモネは、ためたお金で自宅に川を引き込んで大きな沼をつくって、そこに睡蓮をいっぱい浮かべて、睡蓮を描くことを一生のライフワークにしたのです。

これはどういう意味があるのか、私にはわかります。亡くなった奥さんの世界で生きたい、つまり天上界で生きたいということなのです。

ゴッホ

ゴッホは、ゴーギャンが自分のアトリエに来るということで、12枚のひまわりを描いて黄色い部屋に飾りました。彼は敬虔なクリスチャンなので、12使徒でゴーギャンを迎えたいと思ったのです。

でも、ゴーギャンとゴッホは思想性が全く違うのです。ゴーギャンはゴッホになぜそんなゴテゴテの絵を描くのかと言うし、ゴッホはゴーギャンになぜそんな薄っぺらな描き方をするのかと言うわけです。それでケンカ別れしてゴーギャンが出ていってしまったショックで、ゴッホは耳を切り落としてしまったのです。

ゴッホは、一生、愛に満たされませんでした。一度も彼女ができなかったし、一生独身でした。

ゴッホの絵が1枚も売れなかったころ、画商をやっていた弟のテオが、お兄さんは天才だからということでゴッホに仕送りして支えたわけです。テオはゴッホを一生支えたいと思っていたけれども、結婚したら奥さんに「あなた、家庭を顧みないで、一生懸命働いたお金をなんでお兄さんに送らなきゃいけないの。送っちゃダメ」と言われて、お金を送れなくなりました。それでゴッホに、「結婚したので、今までみたいに仕送りできない」と手紙を書いたのですが、その1年か2年後にゴッホはピストル自殺してしまいました。実は、その1年以内にテオも死んでしまったのです。

ゴッホが死んでから1年か2年後に、ドイツの学者がゴッホの絵はものすごいということで、世界のゴッホになったのです。

ゴッホは恵まれない暮らしの中で生きるか死ぬかで描いていたので、あの激しいタッチが生まれたわけです。ゴッホは引き潮のアーティストの典型です。

ポール・デルヴォー

［図３－16］この絵は、街中に裸の女性が無表情で立っているのですが、ちっともエロチックじゃなくて、シーンと静まり返って、風も吹かないような不思議

な絵です。これは胸がなくて、おちんちんがあるから、ポール・デルヴォーの自画像です。右がお母さん、中央が彼が結婚した女性です。

彼は典型的なマザコンで、お母さんはデルヴォーを一生がんじがらめにしていました。32歳ぐらいのときに初めて恋をして、この人と結婚したいとお母さんに紹介したら、絶対ダメだということで無理やり別れさせられてしまった。お母さん大好きで、マザコンだから、言うことを聞いて彼女と別れたのです。

それから15年か20年してから、とある町で彼女とばったり会って、そのときはお母さんはもう亡くなっていたので、即結婚して、その後から次々と傑作を残したのです。世界の評論家がポール・デルヴォーに、モデルの女性は誰かと質問したら、「これは私にとってのミューズ（女神）です」と答えています。

初恋の女性もお母さんも、彼にとっては全て女神だったのです。彼は不思議な人生を送って、こういう傑作を次々と残しました。

フリーダ・カーロ

フリーダ・カーロはメキシコの皇帝の奥さんになったのですが、次々と流産して子どもが死んでしまいます。たぶん亡くなった自分の子どもだと思いますが、霊が飛んでいるような、足がなくて宙に浮いている子どもとか、血だらけでベッドに横たわる女性を描いています。

【図３－17】この絵には、全ての命にリンクする月が描かれています。また、二面性の顔が描かれています。右が若いときで、左はしわがふえている老婆になったときの顔でしょうか。決定的な愛の引き潮があったことによって、フリーダ・カーロは強烈な傑作を次々と描くことができたのです。

私は子どもを産んだことがないのでわからないのですが、曽我蕭白の「柳下鬼女図」じゃないけれども、愛する子どもが次々と死ぬということは、女性にとっては大変なショックだと思います。この不幸がフリーダ・カーロに傑作を描かせたわけです。

ジャコメッティ

ジャコメッティは、精神的に非常に安定しなくて、いつも脅迫観念の中で生きた人です。人間の生命の根源を探るために、どんどん削っていって針金のようになっているけれども、生きているわけです［図1－43］（96ページ）。ジャコメッティの作品も強烈です。

【図3－18】これは犬なのかライオンなのかわからないけれども、命の極限まで削り取るわけです。だから、彼も引き潮の作家だと思います。

谷中安規

【図3－19】（269P）この絵は、傘を差した人が舌の上で踊っています。彼は飲まず食わずで描き続けて、最後は東京の路地裏で餓死してしまいました。私はこの作家が大好きなのです。彼は命ぎりぎりの生き方でもアートを捨てなかった。

［図３－20］この絵は、蝶が飛んでいます。蝶は、あの世の生き物です。だから、真ん中にいる男は、あの世に行く手前なのです。

バブルがはじける前に、谷中安規の30センチぐらいの作品がサザビーズか何かで３５０万円で落札されました。世界には彼の熱狂的な愛好家がいますが、もっともっと表に出さなくてはいけないと思います。

［図３－21］この絵は、男と女が愛し合って、コウノトリがいて、子どもが生まれるかどうか。実は生まれないのです。

谷中安規のテーマは命なのです。

田中恭吉

田中恭吉は、肺結核で23歳で死んでしまいました。彼は芸大のときに、藤森静雄、恩地孝四郎と３人で創作版画活動を始めました。創作版画というのは、自分で絵を描いて、自分で版を彫って、自分で刷る、この３つを全部アーティストがやるものです。

銀座の養清堂画廊という版画専門の画廊の阿部さんという社長が彼らの理解者になって、創作版画活動を広めました。

以前に私は阿部さんを訪ねて行って、社長室の床に私の一版多色版画20枚ぐらい並べて、「養清堂画廊で俺の展覧会をやってくれ」と言ったら、「よし、やろう。そのかわり、1つ条件がある。篠崎さん、売れないだろうけど、あなたはこのスタイルを一生変えないでください。そうすれば、うちで毎年やりましょう」と言ってくれました。

阿部さんが、田中恭吉を絶賛していたのです。田中恭吉は余命を宣告されていて、死ぬまでの3年間、一心不乱に作品をつくりました。

【図3－22】死ぬか生きるかのところに黒い花が咲いている。これは花ではありません。死を予見させます。

【図3－23】この絵は、あの世に行く道か何か知らないけれども、月が出ていて、胸が締めつけられます。田中恭吉は、実に私にインスピレーションを与えてくれた作家です。もう死ぬことがわかっていて描く絵は、こういうものです。

だから、肺結核で余命を宣告されなかったら、こんな絵を描かないし、田中恭吉は世に出ていません。こんな絵は、誰だってイヤです。普通は売れるはずがない。

【図３－24】これは自画像です。黒い木が生えているけれども、葉っぱ１枚ない。そして、赤い空。色彩感覚も構図も、やはり天才です。

【図３－25】（２７０Ｐ）これも田中恭吉の絵です。満月の夜に、自分は既にむしばまれている。でも、まだ生きている。この色の使い方、構図、すばらしいです。田中恭吉は、生まれるのがちょっと早過ぎた。

イサム・ノグチ

イサム・ノグチは、現代の彫刻家で、巨匠と言われています。札幌に広大なイサム・ノグチの記念公園というのがあって、さまざまなモニュメントが展示されています。

私が岡本太郎美術館でやったときのゲストキューレーターで大分県立美術館館長の新見隆さんが、イサム・ノグチの研究家でした。イサム・ノグチは幼少期にお母さんを亡くしていて、お母さんの愛を求めてつくったのが彼の彫刻です。

私が見れば、すぐわかります。宇宙からエネルギーが降りるのです。自然界から命を生み出す。母親に会いたいという彼の理念です。決定的な愛の喪失によって、世界のイサム・ノグチが花開いたのです。

［図3－26］ これはイサム・ノグチの記念公園にある作品ですが、御影石から新しい生命が浮き上がってきます。

［図3－27］ これは公園にあるグルグル巻きの不思議な滑り台です。母親の子宮から新たな命が生み出されるようなイメージだと思います。

イサム・ノグチは、決定的に母親との死別が作品のバックボーンを支えています。でも、そんな言い方をしたら失礼なので、誰も言いません。でも、私は何を言ってもいいのです。言い過ぎたことは、本になるときは不思議と削除されているので、ありがとうございます。（笑）だから、いまだに暗殺されずにこうして生きていられます。

モディリアニとジャンヌ・エビュデルヌ

ジャンヌ・エビデュルヌは絶世の美女です。彼女がモディリアニをつくり上げたのです。彼女は貴族で大富豪の娘で、親の大反対を押し切って無一文のモディリアニと結婚して、モディリアニを世界的画家にすることに命をかけました。

【図３－28】モディリアニは、結婚当初は彼女のおかげですばらしい女性像を描きましたが、１年、２年と過ぎても絵が売れなくて、食費もままならない上に材料代もかかるけれども、反対を押し切って出てきた以上、親には泣きつけません。

そのうちモディリアニは病気になってしまいました。

【図３－29】モディリアニはギリシャ彫刻を深く学んでいたので、細長い首で、ギリシャ彫刻風の肖像画なのですが、命をかけて私のところに来てくれたのに絵が売れなくて、ジャンヌに申しわけないという気持ちのあらわれでしょうか、このころジャンヌをモデルにした女性像は、青ざめて、目には瞳が描かれなくなります。

しかし、フランスでナンバーワンの画商は、モディリアニの天才性を見抜いて彼の家にしょっちゅう出入りしていて、だんだん弱っていく彼を居酒屋に誘って大酒を飲ませて、一通りの作品がそろったところでセーヌ川に突き落として殺してしまいました。

その画商は、モディリアニの水死体が発見される前にモディリアニの家に行って、「あなたのご主人の絵が売れる見通しがついたから全部買い取ります」と言ってお金を渡して、ジャンヌにサインさせたわけです。ジャンヌは、モディリアニが死んだ2、3日後に、2階から飛び降り自殺してしまいました。そのとき、彼女のおなかには7カ月のモディリアニの子どもが宿っていたのです。

でも、命がけでモディリアニを世界的な巨匠にしようと思った女性が、作品を売ってお金をもらって自殺するとは思えません。私はわかります。彼女も画商が突き落として、全作品とお金を取り戻したのです。

こうして世界のモディリアニが世に出たのです。

このことは本に載せてもらってもかまいません。フランスで評論家として活躍している桐島敬子さんは私の友達で、何でも協力すると言ってくれているので、彼女に相談します。

ダ・ヴィンチと「モナ・リザ」の研究家では世界トップレベルで、山種美術館の作品購入の責任者でもある下田幸知さんが、１カ月後ぐらいにニューヨークから来ます。２０１９年に没後５００年を迎え世界的にダ・ヴィンチブームなので、彼女のことがヒカルランドで本になればすばらしいと思います。ただ、彼女はコロナが終息しないと来日しないと言っているのです。（下田幸知著『モナ・リザと最後の晩餐』ヒカルランド／２０２０年９月発売）

相馬黒光と荻原守衛

新宿にカレーで有名な中村屋というレストランがあって、上階に中村屋美術館があります。中村屋は、明治時代に相馬愛蔵・黒光夫妻がつくりました。黒光は仙台藩のお姫様の末裔で、仙台にいたころ彫刻家の荻原守衛といい仲だったのですが、守衛とは結婚しませんでした。なぜなら、守衛はお金を生み出せないからです。黒光は荻原守衛が天才だということを知っていたから、彼を支えるために大富豪のところにお嫁に行ったわけです。

その後、守衛の住む安アパートの近くに引っ越してきましたが、2人の蜜月の仲は極秘事項でした。私はしつこい性格なので、ことごとく2人の秘密を探ったのですが、2人が秘密裏に熱海に旅行に行ったときに、旅館で黒光は「あなたと結婚しなくてごめんね。でも、結婚したら飢え死にしてしまうから」と、さめざめと泣くわけです。そのときできた子どもがいるのです。

【図3-30】 熱海から帰ってきてから、「女」という最高傑作を荻原守衛はつくりました。この女体は、横から見ても、前から見ても、上から見ても、S字にくねっています。苦悩している女性です。これは、守衛と結婚したいけれどもできない黒光をモデルとしてつくったものなのです。黒光の子どもが「女」を見て、「これはお母さんだ」と言ったそうです。

守衛は白血病にかかって、それがどんどん悪化して、最後は中村屋のカーペットの上で血を吐いて、2日後に亡くなります。そのとき黒光は、普通だったら救急車を呼んで、警察を呼ぶと思いますが、守衛のアパートに飛んでいって、2人の間で交わした書簡を全部焼き払って証拠隠滅を図ったのです。

黒光は、相馬愛蔵が亡くなった後、世界の巨匠を生み出そうということで、中村屋美術館をつくり、これからの彫刻界の才能ある若者のパトロンになって、朝に晩にメシを食わせて育てたのです。

中村屋が経済的に困窮しても、跡を継いだ黒光の息子はお母さんを一生批判しなかった。荻原守衛とお母さんの関係を知っていたし、自分が荻原守衛の子どもだったからです。

中村屋美術館には「女」のレプリカがあるので、館長に「これは相馬黒光でしょう。黒光の息子は荻原守衛の子でしょう」と言ったら、「ウーン」と言って本当のことを言わないけれども、これは間違いない。

荻原守衛は黒光と一緒になれなかったことによって、「女」という傑作が生まれたわけです。日本の彫刻の最高傑作は荻原守衛の「女」です。

著者自身の絵画の解説

【図3－31】（271P）これは大野一雄のお母さんの版画です。月のエネルギーでお母さんが動いている。ここに24金を大量に練り込んで刷ったのです。海のところには、銀とプラチナの粉末を大量に入れました。大野一雄は晩年、認知症の影響で意識がなかったけれども、私が無理やり金の手形を押したのです。

【図3－32a・b】これは「澁澤龍彦――命の避雷針」という作品ですが、実は私の自画像でもあるのです。下の街並みに雷が落ちようとしているときに、自分は塔の上の十字架に張りついて命の避雷針になって人類を救おうという絵です。

左右対称にしたときに、ここに神社の鳥居の形が生まれます。八咫烏が集まる上の鳥居は神の領域なので描かなかった。これには40～50万円分の金を練り込みました。これは直径12ミリの黒真珠で、30～40万円します。私は古物商の免許を持っているので、御徒町に行って業者でないと買えない宝石店で買いました。

【図3－33a・b】これは土方巽です。私の絵は、左右対称に並べないとエネルギーが発生しないようにつくったのです。もう１つ、神の領域があるのです。この世と、遺族用と、神と。「必死で突っ立っている死体」という作品ですが、血液が流れて生きているわけです。一緒になると、生命の塔が発生する。そのときに初めて神の目が光るのです。バルタン星人みたいですが。

［図３－34ａ～ｆ］ これが六道輪廻の版画です。実は私の版画は、凹版と平版と凸版の３つを同時にやる一版多色刷りなのです。紙を載せて１回プレスで完成させる。凹の版画は腐食させてインクを練り込んで拭き取って吸い取ります。エッチングとかアクアチントとかは凹版画です。シルクスクリーンとかリトグラフは平版画です。凸の部分にインクを載せて刷るのが木版画で、浮世絵は凸版画です。

私の一版多色刷りのルーツはパリのヘイター工房で、そこは１ミリの銅版でやっているのですが、私は１・５ミリの深いものにして、さらに発展させました。この領域でやっている版画家は、世界で私しかいません。

今度うちのアトリエにオークションの社長一行十数人が集まって、私の作品を世界展開するにはどうしたらいいか話し合うという夢のような展開になっています。

今までに何億も騙されたりして、家族はカンカンです。家族と一緒にメシを食うのも気が引けて、ここ10年はワンコと一緒にクラブハウスで暮らしています。でも、こういう生き方もおもしろいでしょう。本人は結構つらいのですが、普通じゃ、おもしろくない。誰が見ても、よくあそこまでバカみたいな生き方をするなという極致まで行かなければ話題性がない。

近代アートの夜明け

今後、日本人はどうあるべきか。そこに向けてだんだん絞り込んでいきたいと思います。

フランス革命後、近代アートの夜明けがありました。

フランス革命は１７８９年に始まりましたが、その後、１８３０年あたりからバルビゾン派が、１８７２年から象徴派、そしてフォービスム、アール・ヌーボーと続き、１９００年にパリ万博があって、そのときエッフェル塔が建てられました。

ガウディがパリ万博に出展した小さなモニュメントを見て感動した大富豪のグエル伯爵がパトロンになって支援して、その後、ガウディはサグラダ・ファミリアの設計に携わることになります。

そのころはヨーロッパが世界の経済の中心だったので、世界中のアーティストがパリに集まってパリは芸術の都となり、さまざまな芸術が花開いたわけです。岡本太郎もパリに留学していました。洗濯船という古いボロボロのアパートに、まだ無名だったピカソ、シャガール、ダリなどが住んで、その後、みんな巨匠になりました。

そのうちヨーロッパ経済は斜陽になってアメリカが主流になって、アートの中心もパリからニューヨークに移りました。

でも、今はアメリカ経済も中身は既に斜陽になってきていて、これからはアジアの時代で、パリ、ニューヨークの次は東京なのです。私はその流れを東京で花開かせようと思っています。

アール・ヌーボー、キュービスムと続き、１９１９年からバウハウス運動が起こります。数年前にバウハウス運動の創始者の孫のシュレンマーさんという方が武蔵野美術大学にゲストキューレーターとして半年間来ていたのですが、そのとき学長をやっていた新見隆さんに「彼を送る会があるので、篠崎さんを紹介したいから来てくれ」と言われて、私の画集を持っていってシュレンマーさんに見せて、「私のアートはデッド・アンド・アライブとセイムコンセプトだ」とブロークン・イングリッシュで言ったら、すごく感動してくれて、「世界のどこにいるときでも、どういうときでも、ぜひ声をかけてくれれば篠崎さんに協力します」と言って、私の画集を持ち帰ってくれました。

でも、私はバウハウス運動は支持していないので、ヒカルランドギャラリーと手を組むことにしました。(笑)

シュールレアリスム、アール・デコ、モダニズムと続き、1958年あたりからエロチシズムの概念が世界に広まってきます。そして、ポップアート、サディズムと続きます。

澁澤龍彦が、サディズムを三島由紀夫とか細江英公に教え込んだのです。

でも、岡本太郎はサディズムに参加しませんでした。なぜなら、岡本太郎は、お母さんが著名な小説家の岡本かの子、お父さんが有名な漫画家の岡本一平で、大富豪のせがれなので、独自の太極思想とか、縄文文化とか、沖縄の霊的なものを支持して作品をつくっていったわけです。だから、岡本太郎は三島とか細江とは仲が悪いのです。

大野一雄さんはサディズムは嫌いでした。暗黒舞踏をつくった土方巽は三島とくっついたけれども、大野一雄は頑として言うことを聞かない。そういう流れを私はいろいろ知りました。

でも、よく考えると、エロチシズムとサディズムというのは、世界が滅びないという確証があって花開くあだ花なのです。

日本でフォークソングの時代がありました。あれは失恋とか、ロマンチックな歌が多い。あれも、この世が滅びないと約束されているから売れるコンセプトの歌です。でも、今はそんな悠長なことを言っている時代じゃないのです。失恋とか夢を語る時代じゃない。人類が滅びるかどうかというときに、失恋してどうのこうのなんて言っているどころじゃない。

だから、次の時代はＲＥＩＳＭだと言っているわけです。

今は、ポストモダン、ポップアート、アニメアートと来ています。実は私の次男坊が東京でゲームの開発に携わっていて、どういうことをやっているのか聞いたら、「それを言ったら社長から何千万円も罰金を取られる」と言っていましたが、要するに、ゲームを世の中にはびこらせて、みんなをゲーム漬けにしようというのが連中の魂胆なのです。

近代アートは流動性のアートなのです。テーマが全部この世で、顕在意識に作用して、潜在意識には作用しません。印象が明確なために飽きて、定期的に対象を変えます。コンセプトのエネルギーは有限で、何でもあるもので、全てを含んでいない。無尽蔵こそ無一物なのです。

中国の5大禅宗の中から1つをピックアップして道元が禅宗を開いたと言っていますが、実は全ての宗教の原点は日本の古神道で、道元の禅は中国の5大禅宗の次元を高めたものなのです。

道元については、カバラのときにセフィロトで全部ひもときましたけれども、道元はイエス・キリストと同じところに位置します。

男性原理で禅をひもといて、瞬間こそ全てだ。例えば、1週間前まで両手がそろっていたけれども、交通事故で片腕がなくなった。片腕がない自分になり切ればつらくも何ともない、今こそ全てだというのが、男性原理で禅を解いた教えです。私はそれには根底から反対です。両性具有の思想が必要なのです。禅は女性原理を入れないとダメです。

横尾忠則は、浜松にある龍泉寺という禅寺で井上義衎《ぎえん》老師のもとで禅の修行をしたことがあります。彼がスピリチュアルなデザインをやったのは禅の教えが影響しているのです。

義衎老師の息子さんの井上哲玄老師と熊坂さんと私とで、３年ぐらい、参加料１人１万円で、禅の会を毎月やっていたのですが、私がいろいろ言って、最後は木っ端みじんにダメになってしまいました。（笑）

究極のＲＥＩＳＭ（霊派）

究極のＲＥＩＳＭは

対極の極致の彼岸

生と死の狭間からの帰還
潜在宇宙の感動の全質量を魂の吃水線下に置く
潜在宇宙のエネルギーが自己を通過する際、アガペー（普遍的愛）でアレンジメントするREISM
既成概念は自己が出発点
REISM（霊派）は神からの通過点としてアレンジメント

西洋の人たちは、哲学はギリシャのソクラテス、プラトン、アリストテレスが最初であると言います。それでどんどん行ってドイツのカント哲学、あれは冷たいです。フランスのサルトルの哲学も、味も素っ気もない。

ニーチェは、私は非常に興味があります。ニーチェの師匠はキルケゴールです。ニーチェは『ツァラトゥストラかく語りき』が有名ですが、善と悪の彼岸ということで、究極まで行くと善と悪は一緒だと言っています。なので、世界中の犯罪者がニーチェを信奉しています。でも、彼の言っていることは正しかったのです。ニーチェには、すごく人間性あふれる部分があります。

ニーチェの哲学は、親鸞の「善人なおもて往生をとぐ、いわんや悪人をや」という教えに非常に近いと私はにらんでいるのです。

実は日本には哲学者がたくさんいるけれども、メイソンがつくった世界の歴史に基づいているから、日本人を抹殺しているわけです。

私は日本の哲学者の巨匠は、明治生まれの永田耕衣先生だと思うのです。

私は大野一雄先生と15年間つき合いました。実は大野先生は私としか話をしなかったのです。それはどうしてだったのか。今朝、３時ごろ目が覚めて、私はいまだに無名作家なのに世界的な人がみんな私のことをかわいがってくれる原因は何なのか、いろいろ探ってみました。

私の生い立ち　母との別れ

私の家は江戸時代から続く酒造会社で見渡す限りの土地を持っていたのですが、おじいちゃんが丁半博奕で１振りで１反ずつの土地を賭けて、３カ月でゼロにしてしまったのです。ですから、私は屋根にあちこち穴があいたような家で育ちました。貧乏のどん底で、味噌やしょうゆを近所に借りに行くのが私の役目で、あれはイヤでした。返す見込みがないので、「ください」なのです。

でも、両親にはふんだんにかわいがってもらえたので、決定的な愛の引き潮というのはありませんでした。それで、愛の引き潮が決定的にある人が私をかわいがる理由が何なのかわかったのです。

私は小さいときから、いろんな動物をいっぱい飼ったのです。メダカ、アシナガバチ、カメ、ウサギ、アヒル、ニワトリ。家で乳業をやっていたのでホルスタインも飼っていたし、犬とか猫はいつもいました。動物は、いずれ死にます。私は数多くの動物の死を見てきたのです。

私が蔵の2階に寝ていると猫が上がってきて、最後のお別れをしていくのです。そして、次の日に山で死んでいる。私はそういうことを数多く体験したので、生と死の怖さを本能的に知っていたのではないかと思うのです。

私のおふくろは10年ぐらい前に亡くなったのですが、人間というのは、目が見えなくなり、口がきけなくなっても、最期まで作用する器官は聴覚なのです。聴覚と脳は連結しているのです。

それを私は偶然知っていたものですから、病院でおふくろの心臓が間もなく止まりそうだというときに、おふくろの手を握って「おふくろ、崇だよ。わかるか。わかったら手を握ってくれ」と言ったら、ギューッと握るのです。「おふくろにはいろいろ世話になった。俺は一生おふくろのことを忘れないから安心しろよ。わかったか」と言ったら、またギューッと私の手を握ってくれて、その15分後に心臓が止まりました。

私は寝たきりのおふくろを10年間介護したので、涙は出ませんでした。朝からガスボンベを配送するのですが、夜中の2時、3時に水が飲みたいとか背中が痛いとか言うおふくろをずっと介護してきたので、これでやっとおふくろに納得してもらって自分が助かるなと思いました。

動物の生と死を数限りなく見てきたことが、私が愛の引き潮を本能的に知っていた理由ではないかという感じがします。

かわいがっていた犬が亡くなって、あの別れはもうイヤだから、動物は二度と飼わないという人がいるけれども、それは違います。またすぐ飼ったほうがいい。死ぬのは自然の摂理なのです。

REISM（霊派）がREISM（霊派）を超えるとき

REISM（霊派）がREISM（霊派）を超えるとき、それは人間が神そのものになったときです。

人間の意識は、どんどん突き詰めれば神の領域に行くのです。この世は、ビッグバンの後は11次元になりましたが、ビッグバンの前は12次元でした。月の設計図、カバラの設計図が12次元に全部あったわけです。だから、月は1年間に12回、満月になるのです。カバラは11です。

12次元の上を統括しているのが13次元で、そこには神の領域で人間は行けません。

12次元からのDNAを引き継いでいるのがYAPマイナスです。

シリウスの日本人が13で、創世記で示されている金曜日に人間をつくったときにリーダーシップをとった日本人が憎らしいので、666と13日の金曜日を悪魔の数字にしてしまったわけです。

龍座の連中にシリウスが命令してＤＮＡを操作させて、世界中の植物から何から全部つくらせたわけです。だから、アジアの人にとって龍は神なのです。やつらはその秘密を知っているので、龍をドラゴンといって悪魔の使いにしたのです。ことごとく日本を否定するのが西洋の文化なのです。

でも、２０１２年以降、ごまかしがきかなくなってきた。その証拠に、６６６のモニュメントを建てたのです。それが東京スカイツリーです。もう電波塔の時代ではなくて衛星の時代なのに、時代錯誤だと思いませんか。

日光の五重塔は海抜６６６メートルで、ちょうど高さが同じだというので、２０１２年のスカイツリーのオープニングセレモニーと同じ日に五重塔をご開帳したのです。

カバラの中心が五重塔で、その両脇に三重塔が２つで、実は日本の文化はカバラでできているのです。屋根の下にもう１つ屋根がある二重構造の三重塔が、たまにあります。ということは、三重の塔はもう１つありますよということなのです。そういうものが全部ひもとかれてきているわけです。

だから、ＲＥＩＳＭ（霊派）がＲＥＩＳＭ（霊派）を超えるときというのは、

ＲＥＩＳＭ（霊派）を創った神がそのシステムを人間に譲渡するときなのです。そして、それを受け取るのは日本人しかいません。これが何千年も前に「死海文書」で預言されている。

だから、やつらは日本人を滅ぼすつもりなのです。それで、第二次世界大戦の後に日本人洗脳委員会という13の組織をつくったのです。そのうちの１つが電通です。日教組もそうです。

それから、若者をダメにしようということで３Ｓ政策をやりました。１つ目のＳはスクリーンです。テレビ、映画、ゲーム。スポーツ番組漬けにして、「おまえ、何やっているんだ、ミスして」。それじゃ、自分でやってみろと言いたい。おいしいものの食べ歩き、旅番組。クイズ番組で、著名人が間違うと「ああ、バカだな」と優越感に浸らせる。そういうふうにして日本人のエネルギーをスポイルさせるわけです。外国から来た人が日本のテレビを見ると、海外では６歳から７歳レベルの番組が多いですねと言います。

それから、八咫烏のカラスを悪鳥にしました。

また、昔は学校で毎日やっていた日本古来の文化の「修身」という科目をなくして週1回の「道徳」にしました。修身は、武士道精神、人としてどうあるべきか、悪いことをしたら謝りなさい、自分を忘れて他人のために生きなさいということを子どもたちに教えていました。

第二次世界大戦で日本人を骨抜きにしました。

陰謀論者が、２０１２年に世界が滅びるという本を何冊も出しました。陰謀論者を私は何人も知っています。でも、何も起きなかった。２０１２年は、世界が滅びるのではなくて日本人が覚醒する年なのです。やつらはそれを隠蔽したかったのです。

それでもダメなので、日本を滅ぼそうとして、２０１１年の3月11日に、１０秒置きに純粋水爆で起爆して大津波を起こしたのです。

トモダチ作戦なんて真っ赤なウソです。なんで近くにアメリカ軍の艦艇がいるのか。ハワイからだって1週間から10日かかります。

実は、その後に東京湾大地震を起こそうとしたのです。これが本当です。

3・11の後、シリウスがさすがに怒って、自分の祖先の民族を滅ぼすわけにいかない、この辺でいいかげんにしろよということで、仙台上空に長さ10キロの巨大葉巻型ＵＦＯの母船が出現したのです。これは画像が出てくるので、インターネットで検索してみてください。その後、毎日、約４００機の小型葉巻型ＵＦＯが日本上空に待機して見張っていて、シリウスの人たちが我々を守ってくれているのです。そして、今度東京をやったら、ロンドン、ベネチアを１００メートルの津波で水没させるとオリオンの連中に脅しをかけたので、やつらは東京に手出しできなくなったのです。

今、人類が滅びそうになっているわけです。人類を覚醒させる民族は日本人しかいないから、古文書も残して、我々の覚醒を待ってくれているのです。

だから、ＲＥＩＳＭ（霊派）がＲＥＩＳＭ（霊派）を超えるときというのは、神の領域の連中が日本人にそのシステムを譲渡するときなのです。我々は12次元の遺伝子を持っているけれども、これから13次元も扱えるようになるということです。今後、そこを我々が協力してやっていきたいと思うのです。

ＲＥＩＳＭ（霊派）とサイコパス　ソシオパス　ナルシシズム

人類は、特に西洋圏を中心に、人間の感性をさまざまな方向にやって煙に巻いたわけです。サイコパスというのは先天性人格障害で、自分さえよければいい。実は隠れサイコパスの人が、今どんどんふえているそうです。これに周りの人が気がつかないところが怖い。

長堀先生、どう思われますか。

長堀　特に若者が両極端に分かれていますね。時々医局を見に行くと、若いドクターがゲームをやっているんです。病的ですよね。ただ、その一方で、例えば大谷翔平君のように、目覚めて、潜在意識とつながって直感のままに生きている子もふえてきているので、私たち大人も含めて、どっちを向くか、本当に分かれてきていると思います。

篠﨑　だから、若者はダメだなんて言っているどころじゃないですよね。若者は、今、ものすごくアンテナの感度が高いですよね。感受性が鋭い。

長堀　そう思います。テレビも見ないし、新聞もとってないですよね。

篠﨑　私と同じです。じゃ、私は先天的にいい生き方をしているんだな。（笑）

現代病のサイコパスって怖いですよね。

長堀　ゲームとか、それを助長する方向にどんどん行って、考える力をなくしていますね。

日本人洗脳委員会の13の組織が、若者をそうさせようとしたわけです。それはなぜか。世界の環境破壊が進んで、モノとカネじゃ幸せになれないことに気づいて、精神性の文化を旗揚げできる民族は日本人しかいないから、そうさせないために、日本人を骨抜きにするために仕組んだわけです。そうすることによって革命を予防する。やつらは革命が一番怖いのです。

先ほどの永田耕衣先生の話に戻りますが、大野一雄が、40歳ぐらいから約15年、舞踏が全く踊れなくなった時期があるのです。6歳のときに3歳の妹が死んだことによって命の原点の踊りをやっていたのですが、それだけでは超えられなかった、宇宙にはリンクできなかったのです。

私は、大野一雄がお墓の前で白装束を着て踊ったり、豚小屋に入って豚の汚物にまみれて柱にしがみついているといった古い映像を随分見せてもらいました。

でも、それだけでは超えられなくて行き詰まってしまったのです。

それで、２日がかりで電車に乗って京都の永田先生のところを訪ねて、「今までこういうコンセプトで踊ってきたけれども、踊れなくなった」と話したら、永田先生は「感動の全質量を魂の吃水線の下に置いて踊りなさい」という言葉を伝授したわけです。

港に行くと船が浮かんでいます。船と水の境目が吃水線で、船の９割は水の下です。氷山もそうです。人間の意識の９割は潜在意識で、目に見えないわけです。「感動の全質量を魂の吃水線の下に置いて踊りなさい」と言われてハッと気がついて、大野一雄は妹の生と死を超えた踊りに入れたわけです。

永田耕衣という人はニーチェの上を行くと私は思います。今はご存じない人が多いけれども、私は世界一の哲学者は永田耕衣だと思います。

ＲＥＩＳＭ（霊派）の普遍性

印象派からアニメアートまで続く今までのアートの流れは、全て有限なものです。アーティストは自分の心をエネルギーの出発点としてやるわけです。でも、REISMは、普遍性があって、エネルギーが無限なのです。なぜなら、神のエネルギーを自分を通過させてアレンジメントさせるだけにこだわるからです。すると、エネルギー源が天だから、エネルギーがいつまでも枯れない。

命ぎりぎりの体験をしたり、娘が死んだり、お母さんや奥さんが自殺したとか、決定的な愛の引き潮で、巨匠がいろいろ作品を残しています。そういうものはあの世とリンクしているけれども、自分の心をエネルギーの出発点としているから、生きるか死ぬか、下手するとそれを描いた後自殺してしまうぐらい、つらい思いをして絵を描いているのです。

REISMは違います。善も悪もない。まだそこまでたどり着いていないけれども、全てを超えて、静かな湖のような精神状態でやるアート、それが私が目標としているところです。

神は、善人にも悪人にも、えこひいきなく同じ空気を吸わせます。神は平等に扱ってくれています。

ニーチェが言っている善悪の彼岸というのは、確かに神の領域では正しいのかもしれません。でも、説明不足なので、殺人鬼が自分の悪を肯定するために、ニーチェの教えにどうしてもすがるわけです。大久保清は、絞首刑になる前日までニーチェを読んでいたそうです。

私はここに来て、実はニーチェを肯定しているのです。親鸞の教えにも通じる。でも、永田耕衣は潜在意識をひもといているので、その上を行くでしょう。

日本人はシリウスの直系

ルシフェルはヤハウエの子どものクローン人間で、ルシフェルと釈迦は同一人物なのです。私はそれをカバラでひもときました。

そして、イエス・キリストと道元が同じなのです。

その下が卑弥呼です。ここは桃色で、桃源郷です。纒向《まきむく》遺跡からは桃の種がいっぱい出てきます。桃にはクマリンというヒーリングの成分が唯一含まれていて、桃の匂いを嗅いだり食べるとイライラが取れるのです。日本中あちこちで争い事が絶えないので、卑弥呼が女帝になって、庭にみんなを集めて、たいまつを焚いて踊らせて、桃をいっぱい食べさせたら、ストレスが消えて争いがなくなったのです。

菅原道真を祀る神社の鳥居は桃色です。卑弥呼と一致している。

釈迦にたどり着いて、初めて釈迦十大弟子が全部当てはまったのです。イエス・キリストの弟子は12使徒です。11次元が十一面観音です。釈迦の十大弟子の10というのがどうしてもわからなかったのですが、カバラをひもといて、やっと意味がわかりました。十大弟子が、あそこに全部リンクするのです。

ということは、カバラの極致には日本の修行僧が全部当てはまるのです。11次元も全部知っているのは日本人だけです。その上の12次元の月を知っているのも日本人だけです。日本には、かぐや姫の伝説があります。

アメリカのNASAが月の裏側にロケットを飛ばしていたのに、なぜ行かなくなったのか。シリウスのUFOに脅されたからです。「ここはおまえらが来るところじゃない。今度来たら撃ち落とす」と言われて、オリオンの連中は月に行けなくなったのです。

月がなければ命が生まれないということは、シリウスの人間が月をつくった証拠です。我々日本人は、そのシリウスの直系なのです。だから、潜在意識をよく知っている。

日本人は松果体の構造が違うのです。

日本人は特殊な民族なのです。外国では1種類の文字なのに、日本人は4種類の文字を自由自在に使っています。

時間と空間を超越したＲＥＩＳＭ（霊派）

ＲＥＩＳＭは時間と空間を超越しているのです。

今は12次元から13次元に移っています。日本人は、それを知るべきなのです。

これで13日の金曜日を我々が担えるようになるわけです。

ＲＥＩＳＭのマーク

［図３－35］（２７２Ｐ）これはＲＥＩＳＭのマークで、去年（２０１９年）、私が

フリーハンドで15分でつくりました。無意識でつくったのに、できたら、不思議なことに、赤のオリオンを青のシリウスが抑え込んでいます。これをきれいに清書しようと思って、コンパスと定規でいろいろやったのですが、何ともまとまらない。

人間は、ずっと見ていると、コンマ1ミリから2ミリまでのズレを認識できる能力があります。なので、しょうがないからフリーハンドで描いたものを清書したのです。

アマゾンの森林火災

南米のアマゾンの森林火災を衛星から撮った写真があります。毎日あちこちで火災が起きて、アマゾンが燃えているのです。

国の主導で大統領が命令して、アマゾンを開発して牧草地にしようということで森林に放火したわけです。それで先進国が環境破壊だと大騒ぎしてやめろと言ったら、「何を言っているんですか。先進国は我々の国よりも先に自然破壊して、いい思いをしたじゃないか」と反旗を翻しました。

アマゾンは、地球上の酸素の３分の１を産出しているのです。アマゾンを平原にしたら大変なことになります。この環境破壊は甚大です。

今年は雪があまり降らなかったのも、環境破壊が刻々と進行している証拠です。

私が子どものころはひと冬の間に30センチ、40センチの雪が何度も降って、見渡す限り田んぼの田舎道を自転車で走っていたときに、田んぼと道の境目がわからなくて田んぼに落ちたこともありました。

ＲＥＩＳＭ（霊派）は無限の天のエネルギーでコントロールする

今までのアートの流れを、印象派、象徴派、野獣派（フォービズム）、シュール、新表現主義のようにさまざまな表現でアートスタイルを定義づけてきました。

今回のＲＥＩＳＭ（霊派）の講演会の最大の目的は、今までのアートの流れは全てこの世に生きるアーティストからのエネルギーが主役であるところに対し、ＲＥＩＳＭ（霊派）は初めてアーティストが天からのエネルギーの通過点としての作業から派生したものである。

つまり、今までのエネルギー変換は有限であることに対し、REISM（霊派）は無限の天のエネルギーでコントロールするとの見解です。

ミロクの掟

カバラのときにひもときましたが、3と6と9が秘数になっているのです。エジソンの弟子で、UFOの原理のテスラコイルを発明したニコラ・テスラは、20世紀最大の科学者です。

テスラは、地球の磁場を活用したフリーエネルギーの原理を開発して、ニューヨーク郊外に永久発電機の発電所をつくって送電しようとしたのですが、CIAに目をつけられて壊されてしまいました。

テスラは、3と6と9を知れば神の心を読み取れると言っています。

村田慶之輔先生

村田慶之輔先生がいなければ、私は岡本太郎美術館で展覧会はできませんでした。村田先生は日本のトップキューレーターで、草間彌生を世に出した人です。村田先生は「篠﨑さんのアートを太郎美術館でやるのもいいけど、こういう展覧会はやったことがない。大人用のお化け屋敷をつくる以外にないな」と言っていましたが、彼の言っていたことは正しかったと思います。

「Vフォー・ヴェンデッタ」は、日本人のこれからあるべき姿を予見した映画だ

「Vフォー・ヴェンデッタ」という映画はすばらしいです。私はDVDも持っていて、何度も見ています。でも、なぜかオスカーをもらえなかった。

「Vフォー・ヴェンデッタ」の秘密を言います。このマークは日本の日の丸にVを入れたもので、主人公がかぶっているのは能面です。

お面をかぶって何月何日に革命を起こそうということで、お面をイギリスの何万何千という人に郵送します。主人公は死んでいるのですが、お面をかぶった連

中が押し寄せて、最終的には爆薬を積んだ地下鉄でビッグベンを爆破するというストーリーです。

革命の時期が近づいているのです。よくぞこの映画をつくったと思います。これはすさまじい映画です。

産業をどんどん発展させて、核の犠牲者になって見るも無惨な顔になってしまって、主人公はお面をかぶらないといられなくなってしまったわけです。これは革命の映画です。日本人のこれからあるべき姿を予見した映画です。

長堀優先生のお話

実は、今日の午前中、私も講演があって、残念ながらそれはビデオ撮りだったのですが、私が言ったことが今日のお話と全く重なっていまして、潜在意識の話をしたのです。

人間には知性と感性があって、私がいつも考えているのは、知性あるいは理性というのは顕在意識につながっていて、感じる心というのはおなかの底から潜在意識につながっているということです。潜在意識は情動ともつながっているのですが、その一番力強いものは、実は、愛と、その対極であると言われているのです。今日の愛の満ち潮・引き潮というのは、まさに愛と、その対極が強まる状態です。

潜在意識が強まるとどうなるかというと、その奥の超意識、集合的無意識、そして、その奥にある宇宙の大もとにつながっていく。すると、神の力が発揮されて、意外な力が出てきます。人によっては病気が治ったり、アーティストであればひらめきが得られたりします。私は、愛と、その対極というのはものすごい力があるんだという話を今日の午前中にしてきたので、篠崎先生のお話とぴったり合うなと感じていました。

そういった感性が高いのは、やはり日本人です。だからこそ、これだけノーベル賞を取ったり、いろんな分野で活躍している。さらには、潜在意識の奥には病気を治す力もあったりするので、日本人が自信を持って進んでいくことがとても大事である。

コロナがいろいろ騒がれていますが、もう皆さんお気づきになっているように、あれは大した病気じゃありません。風邪ぐらいのものです。ニュースで何を言っているかというと、何人かかったとかいう話で、重症化したという話はあまり言ってません。最近は、トイレットペーパーがないとか、そういう話になって、明らかにおかしいのです。

なんでそうなっているかというと、そのバックにあるのはアメリカ経済の破綻です。さらには、これまで世界を牛耳ってきた企業の力の衰えです。それで焦っているのです。コロナの恐怖をあおれば、この先、来るのは、特効薬とかワクチンの強制だったりするかもしれない。でも、もう騙されてはいけません。ただ、その後に、今度は経済の破綻が来るかもしれない。でも、恐れてはいけません。日本人は対応できます。何もなくても、今日紹介されたアーティストのように楽しく生きていけるのです。

今の経済は弱肉強食です。こんなもの滅びたって全然恐ろしくない。例えばシュタイナーは、愛が循環する社会としてベーシック・インカムという概念を提唱しています。役所を全て廃止してしまって、消費税をもとにして国が国民みんなに一定のお金を払う。仕事をすれば、それ以上のお金をもらえる。そういった社会が来れば、みんなもっともっと明るく暮らしていけます。その先を見ていく。今、そういった冷静な感性、潜在意識が必要です。日本人はそれができます。量子論では、混沌としたエネルギーを求めるのは潜在意識です。感性です。今の混沌とした情勢の中で、決して浮つかないで、冷静な感性を持って先を見据える。恐れてはいけない。そうすると、今の情勢はいい方向に行くのだと思います。今日は本当にこれだけたくさん集まってくださって、すごいなと思います。皆さんはそういったことができると思います。最後にいい話を聞きましたので、日本人が革命を起こしましょう。そういった方向にどんどん動いていくと思います。今日は本当にありがとうございました。

最後に

最後にアインシュタインが講演の中で言われた言葉で締めたいと思います。

「世界は進むだけ進んでその間、幾度も闘争が繰り返され、最後に闘争に疲れるときが来るだろう。その時、世界の人類は必ず真の平和を求めて、世界の盟主を

図3－1

図3－2

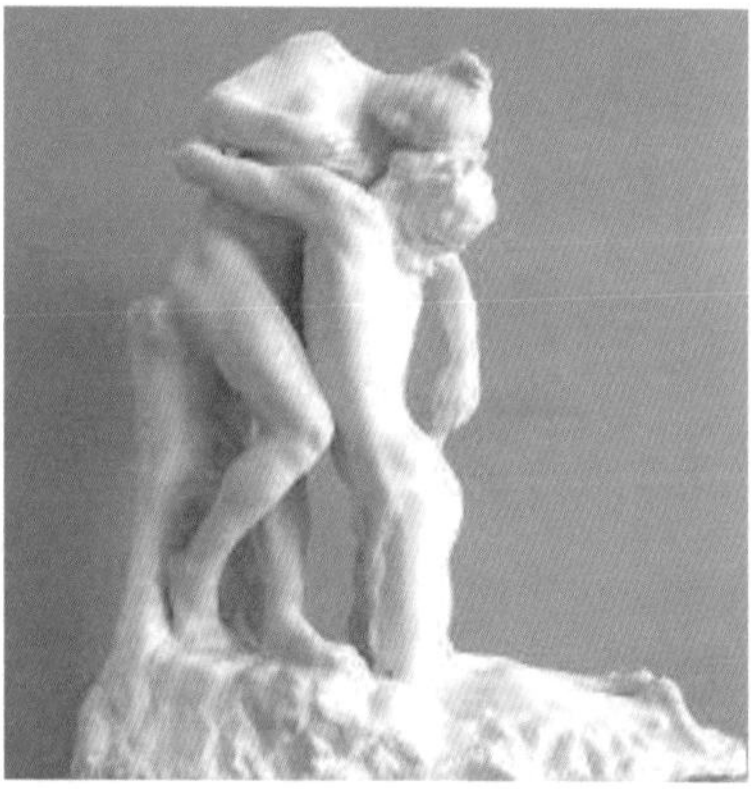

図3－3

図3－4

図3－5

図3－6

図３－10

図３－７

図３－11

図３－８

図３－12

図３－９

図３－16

図３－13

図３－17

図３－14

図３－18

図３－15

図３－22

図３－19

図３－23

図３－20

図３－24

図３－21

図３－25

図３－26

図３－27

図３－28

図３－29

図３－30

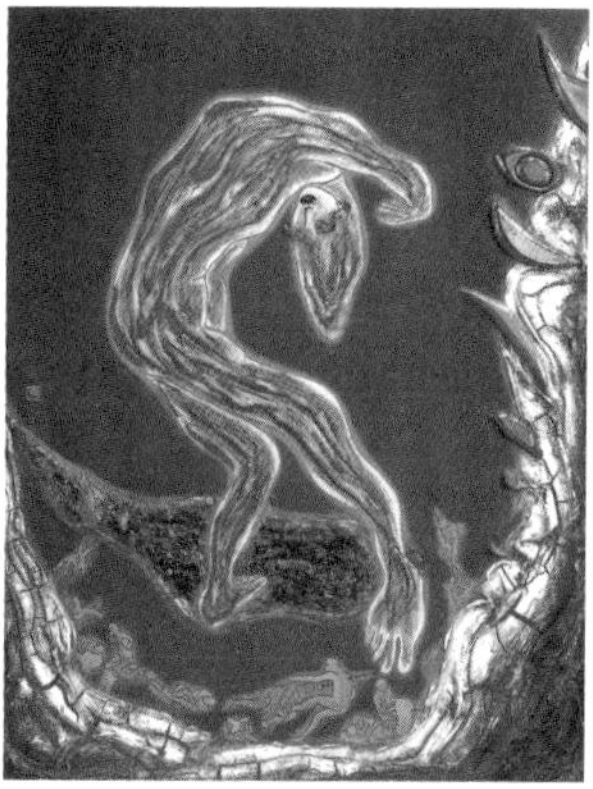

図３－33ａ

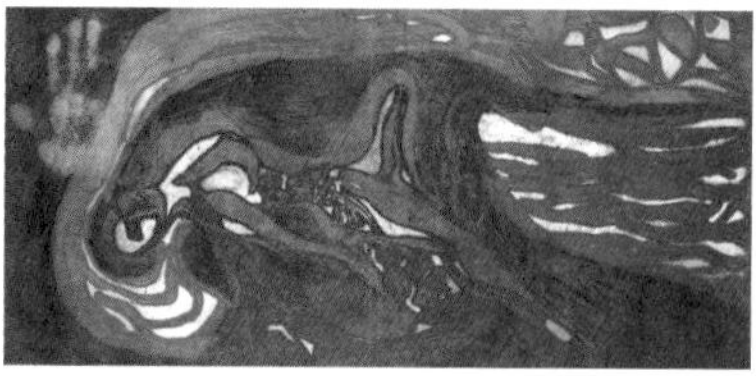

図３－31

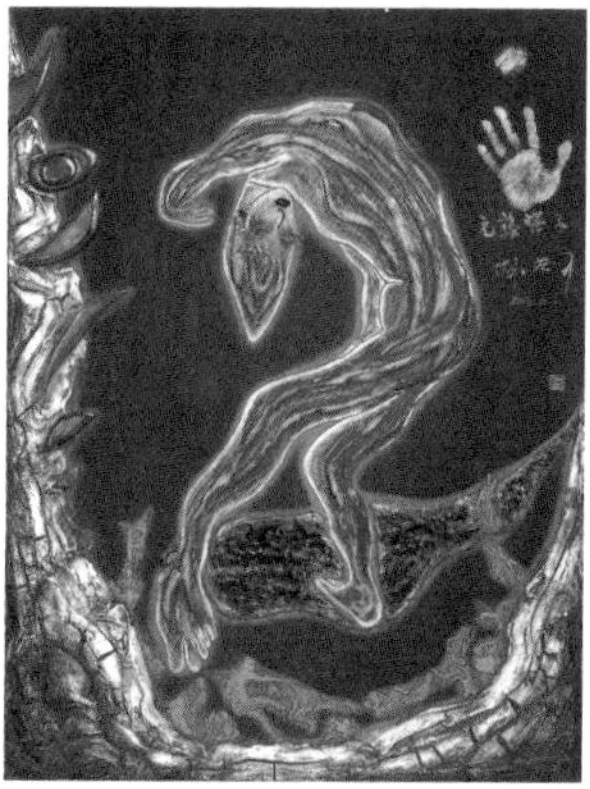

図３－33ｂ

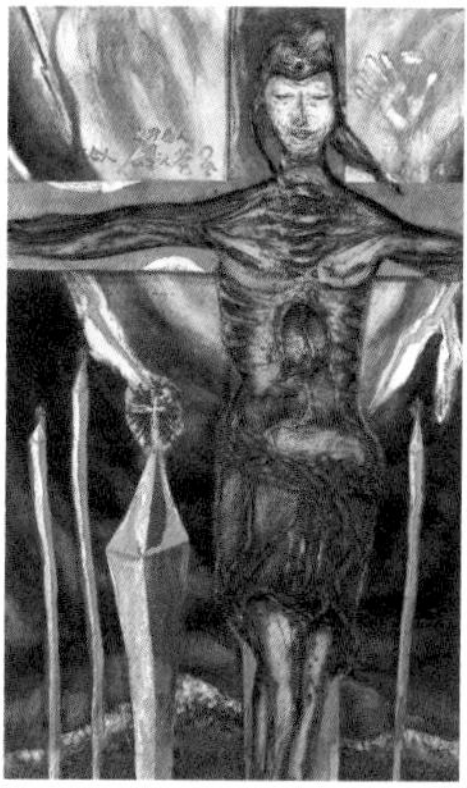

図３－32ａ

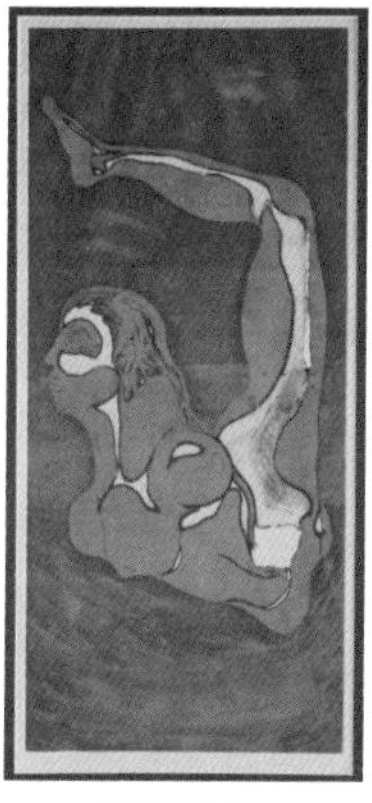

図３－34ａ

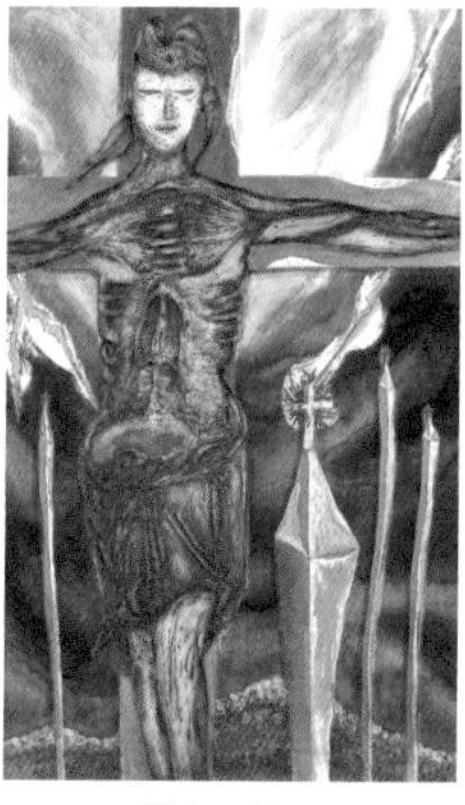

図３－32ｂ

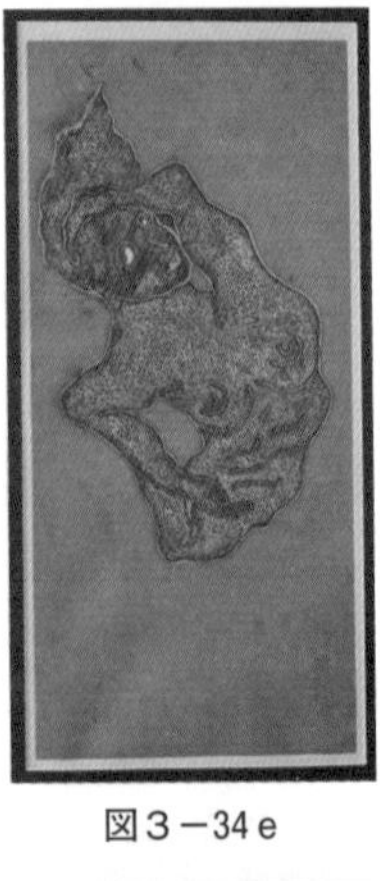

図３－34 e

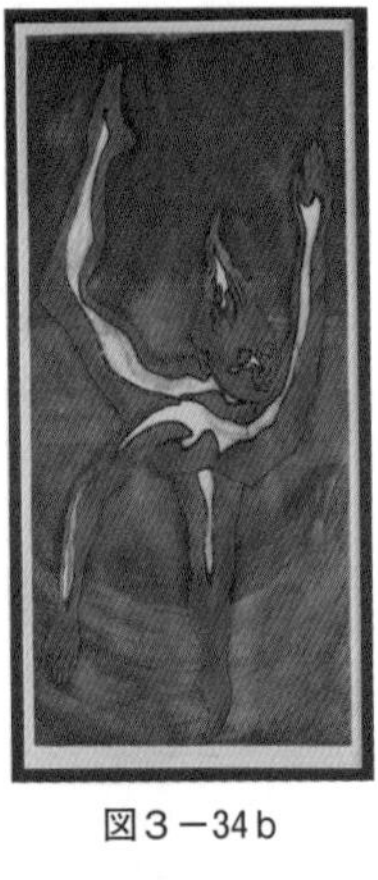

図３－34 b

図３－34 f

図３－34 c

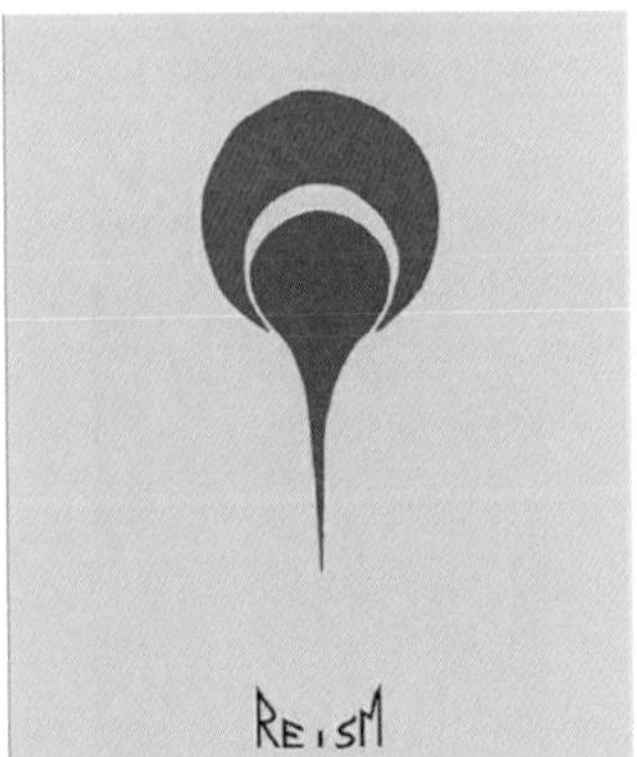

図３－35

図３－34 d

あげねばならぬ時が来るに違いない。その世界の盟主は武力や金力でなく、あらゆる国の歴史を超越した最も古く、且つ、尊い家柄でなければならぬ。世界の文化はアジアに始まって、アジアに帰り、それはアジアの高峰、日本に立ち戻らねばならぬ。我等は神に感謝する。天が我等人類に日本という国を造っておいてくれたことを」（大正11年16日から40日間滞日された）

講演会中止が相次ぐ中、勇気を持って今日はご参集いただきましてありがとうございました。皆さんの意識の変革につながっていただければ、大きな生きる励みとなると思います。ありがとうございました。

篠﨑 崇　しのざき たかし
美術家。招魂の画家。
1952年、栃木県宇都宮市生まれ。
栃木県警警察官を経て、有限会社篠﨑クリエーションを設立。
《命の大切さを表現するために今は亡き愛する人の魂をこの世に呼び戻す招魂の作品群を創作する》をコンセプトに、招魂の画家として活躍。国内外で個展・応募展出品多数。

2008年、ハーバード大学主催「世界文化学会」にて画集「虚舟」発表。

2011年10月15日から2012年1月9日まで、岡本太郎生誕百年記念展として岡本太郎美術館にて「虚舟展」主催。

霊派【REISM】提唱者として一版多色（版画）と絵画で【死から→生へ】のニューアートを展開している。

高度なチャネリング能力を持ち合わせ、科学・哲学・医学など多角的な視点を持つジェネラリストとして活躍中。

著書に『あなたのぜったい知らない地球の完全秘密リスト』『宇都宮＝宇宙の宮から見た【シリウスＶＳオリオン】』『奥伝の関節医学』『【DVD 解説版】奥伝の関節医学』『カバラ日本製』（5作ともヒカルランド刊）、監修に『モナ・リザと最後の晩餐』（下田幸知著・ヒカルランド刊）がある。

ニューアート
霊派【REISM】への流れ

第一刷 2020年11月30日

著者 篠崎 崇

発行人 石井健資
発行所 株式会社ヒカルランド
〒162-0821 東京都新宿区津久戸町3-11 TH1ビル6F
電話 03-6265-0852 ファックス 03-6265-0853
http://www.hikaruland.co.jp info@hikaruland.co.jp
振替 00180-8-496587

本文・カバー・製本 中央精版印刷株式会社
DTP 株式会社キャップス
編集担当 志田恵里

ISBN978-4-86471-924-7

No.1　ゼロ戦

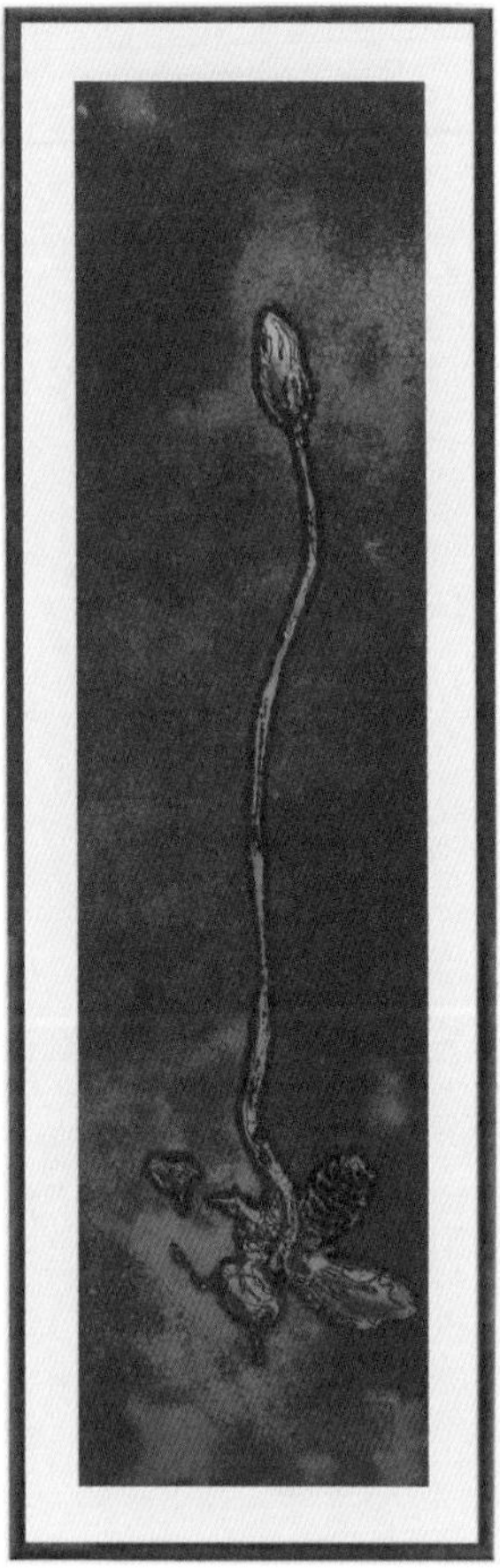

No.2　冬虫夏草ハチタケ

No.3　母と子

書籍特典動画案内

天才アーティスト篠﨑崇氏自ら
アート作品を徹底解説！

内容：
- 宇都宮市のアトリエ・クラブハウスのご紹介
- 亡くなった人の魂を呼び寄せた大型作品の解説、裏話
- 一版多色（版画）の世界

など

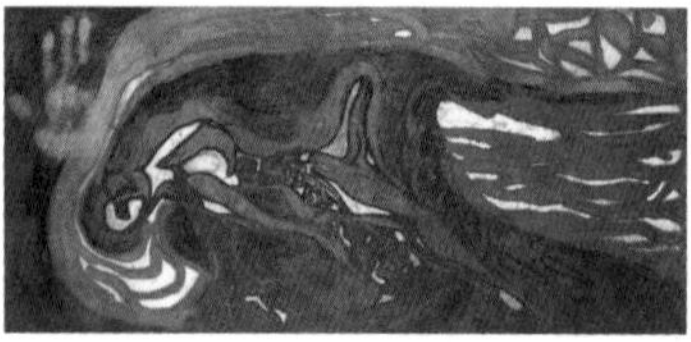

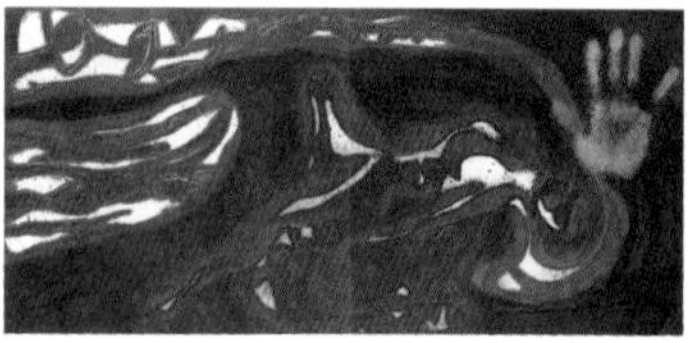

特典動画はこちら

➡ https://www.youtube.com/watch?v=rBcxOYY8IZM

ヒカルランド　好評既刊！

地上の星☆ヒカルランド　銀河より届く愛と叡智の宅配便

宇都宮＝宇宙の宮から見た
【シリウスvsオリオン】
混迷地球の極秘中の秘密の超暴露
著者：篠﨑 崇
四六ソフト　本体 1,815円+税

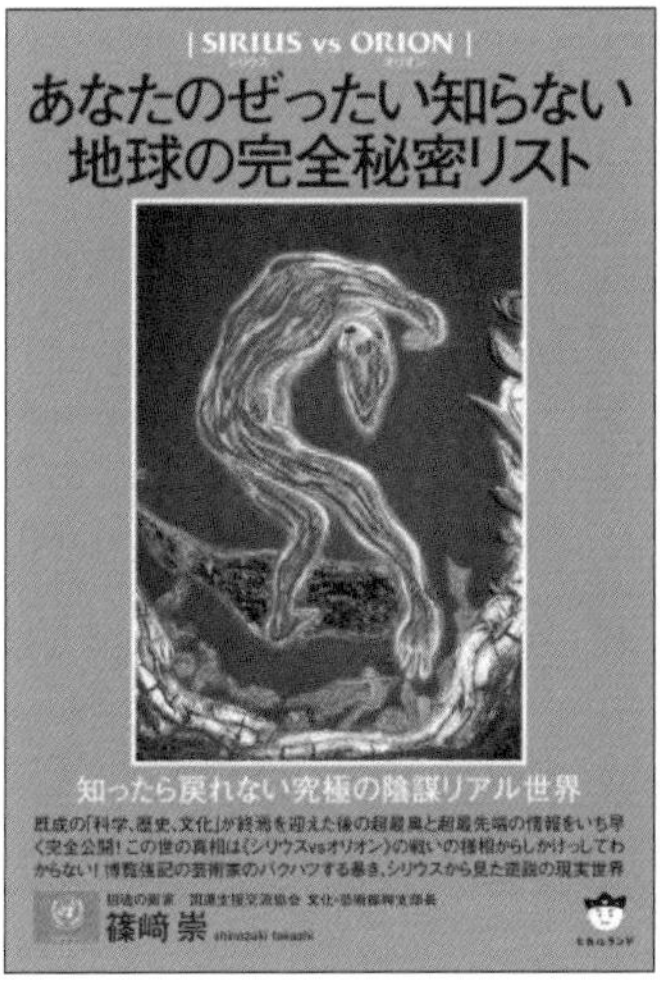

【シリウスvsオリオン】
あなたのぜったい知らない地球の完全秘密リスト
知ったら戻れない究極の陰謀リアル世界
著者：篠﨑 崇
四六ソフト　本体 1,851円+税

ヒカルランド　好評既刊！

地上の星☆ヒカルランド　銀河より届く愛と叡智の宅配便

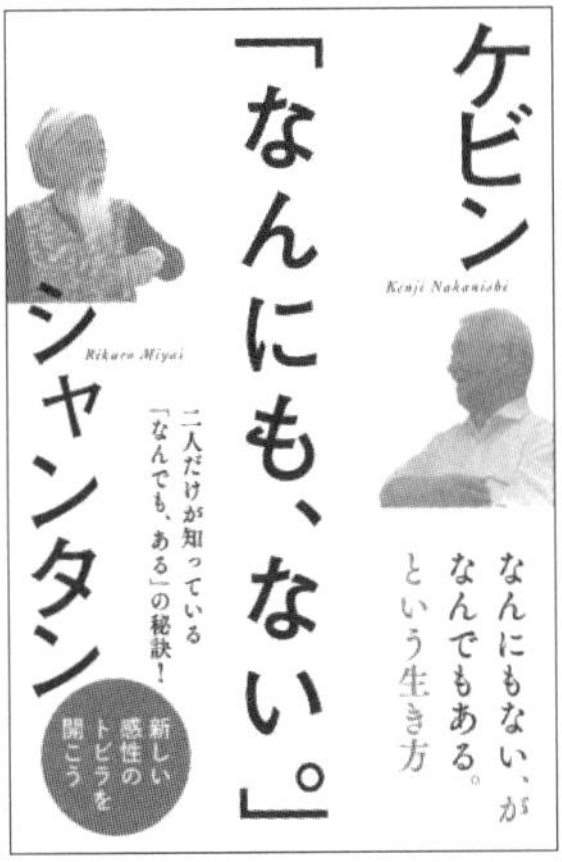

「なんにも、ない。」
著者：ケビン（中西研二）／シャンタン（宮井陸郎）
四六ソフト　本体 1,800円+税

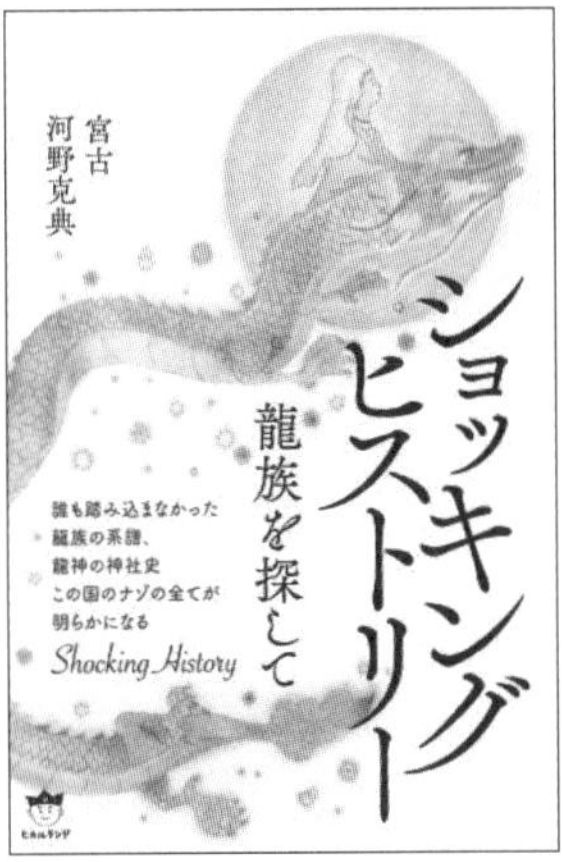

ショッキングヒストリー
龍族を探して
著者：宮古／河野克典
四六ソフト　本体 2,000円+税

大峠に臨む
[新装版] 日月神示　地震（二日ん）の巻
著者：中矢伸一
四六ソフト　本体 2,200円+税

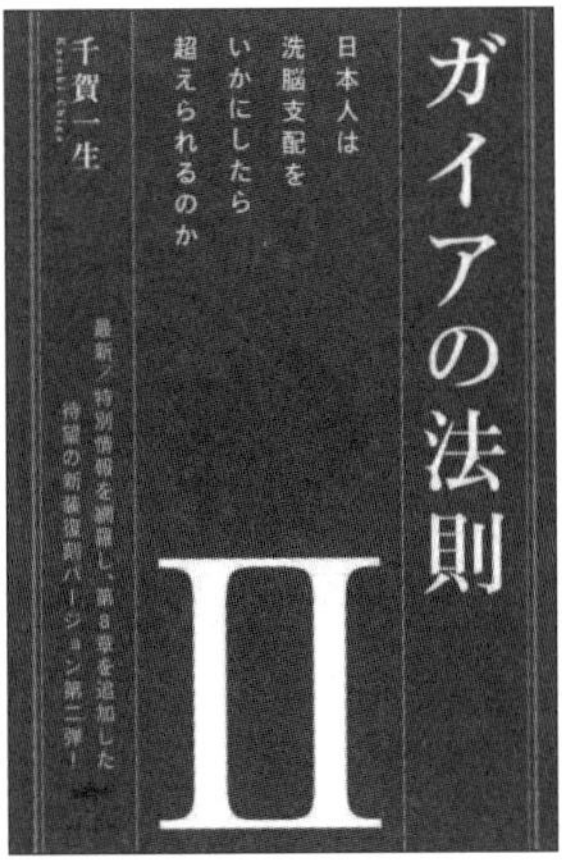

ガイアの法則Ⅱ
日本人は洗脳支配をいかにしたら超えられるのか
著者：千賀一生
四六ソフト　本体 2,000円+税

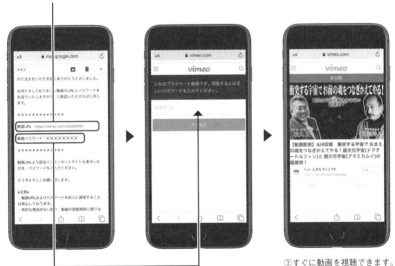

イチオシ動画！

★破滅に向かう世界を救うただ一つの方法　若者たちへ告ぐ。未来を一緒に創ろう!

出演:池田整治、ドクターX、坂の上零
8,000円
195分

ソマチッドファン必見!　前代未聞の衝撃映像公開!　宇宙よりも深い癒し☆驚愕のミラクルソマチッドセミナー

出演:勢能幸太郎
5,000円
102分

宇宙意識につながる覚醒セミナー

出演:中西研二(ケビン)、宮井陸郎(シャンタン)
12,000円
137分

ハートの聖なる空間から生きる
――『ダイヴ! into アセンション』
出版記念セミナー&瞑想会

出演:横河サラ
6,000円
110分

イチオシ動画！

Shocking History
～龍族を探して～
第1回・第2回・第3回

出演:宮古、河野克典
［第1回～3回］各3,000円
［第1回～3回セット］8,000円
［第1回］119分、
［第2回］113分、
［第3回］128分

衝突する宇宙でおまえの魂をつなぎかえてやる!　超次元宇宙と超次元宇宙の超激突!

出演:ドクタードルフィン 松久 正、
アマミカムイ
11,000円
97分

最善の答えが見つかる魔法のツール『生命の木パーフェクトガイドBOOK』出版記念セミナー

出演:廣田雅美
5,000円
120分

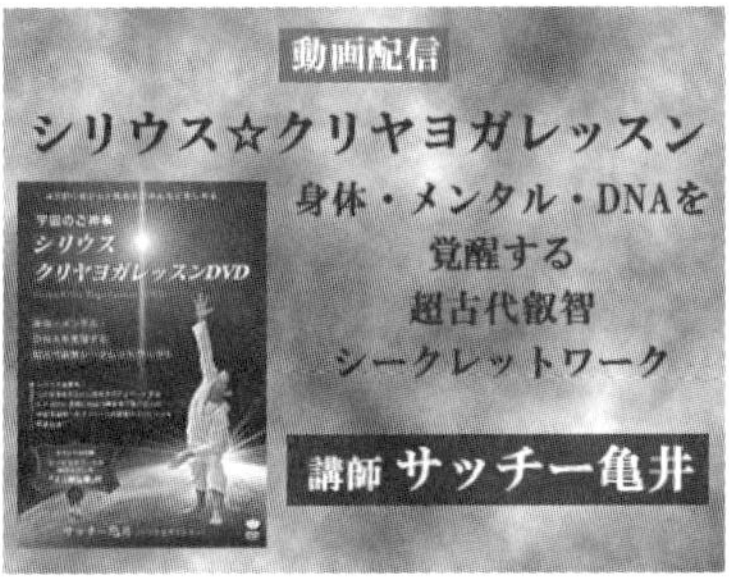

シリウス☆クリヤヨガレッスン
身体・メンタル・DNAを覚醒する
超古代叡智シークレットワーク

出演:サッチー亀井
3,666円
100分

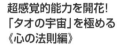

世界初公開！
日本で完成した

**奥伝の
関節医学**

継承者「熊坂護」の手技とその歩み

●痛みのほぼ全ての原因は、X線（レントゲン）、MRIにも写らない
　わずかな関節のズレ「亜脱臼」である！
●熊坂護の整復術の要諦はこのズレを「神の身体設計」に回帰させること、
　この一点に尽きる！

著者　**篠﨑 崇**（著術師）

監修　**熊坂 護**（表達整復師）

ヒカルランド

奥伝の関節医学
継承者「熊坂護」の手技とその歩み
著者：篠﨑 崇
監修：熊坂 護
四六ハード　本体 2,500円+税

世界初公開！

**【DVD
解説版】奥伝の
関節医学**

継承者「熊坂護」の手技

●日本古来の伝統を受け継ぐ唯一無二の熊坂護整復術、その技の極みを徹底収録！
●痛みのほぼ全ての原因は、X線（レントゲン）、MRIにも映らないわずかな関節のズレ
　「亜脱臼」である！
●熊坂護の整復術の要諦はこのズレを「神の身体設計に回帰させる」こと、この一点に
　尽きる！

実技　**熊坂 護**（表達整復師）

解説　**篠﨑 崇**（著術師）

DVD

【DVD解説版】奥伝の関節医学
実技：熊坂 護
解説：篠﨑 崇
DVD　本体 10,000円+税